Anonyma
Verführung auf der Couch
eine Niederschrift

ANONYMA

VERFÜHRUNG AUF DER COUCH
EINE NIEDERSCHRIFT

Deutsch
von
Anonyma und Traute Hensch

ABSTINENZ – MAXIME UND REALITÄT

von Johannes Cremerius

Kore

© MCMLXXXVIII Traute Hensch Kore Verlag, Freiburg i. Br.
Holbeinstr. 12 · D-7800 Freiburg · 0761/702034
Deutsche Bearbeitung des französischen Manuskripts:
Anonyma und Traute Hensch
Erstveröffentlichung. Alle Rechte vorbehalten
Titelbild: Freuds Couch in der Berggasse 19, Wien
Umschlaggestaltung: Michael Wiesinger, Cam

Satz: Kore CamPose – aus der Garamond
Druck und Bindung: Freiburger Graphische Betriebe
Printed in West Germany

ISBN: 3-926023-13-9

INHALT

Zehn Jahre später   11

Verführung auf der Couch   17

Johannes Cremerius:
Aus gegebenem Anlaß
Abstinenz – Maxime und Realität   166

«*Was tut die Psychoanalyse hier anders als das alte Wort von Plato zu bestätigen, daß die Guten diejenigen sind, welche sich begnügen, von dem zu träumen, was die anderen, die Bösen wirklich tun?*»

Sigmund Freud

ZEHN JAHRE SPÄTER

Vor einigen Monaten habe ich meinen Analytiker-Geliebten wiedergesehen, ihn, den angebeteten, allerschönsten, allerliebsten, allerteuflischsten Mann. Ob er mich erkannt hat? Ich weiß es nicht. Sein Blick streifte mich flüchtig, in seinen Augen war kein Erkennen, kein Aufleuchten, kein Zusammenzucken, kein Erschrecken. Wen habe ich eigentlich geliebt, über alle Maßen, bis zum Wahnsinn?
Vor vier Jahren habe ich die Niederschrift meines Analyse-Abenteuers beendet; sie war mit meinem Blut geschrieben worden. Die Feder durfte nichts ändern. Die, die ich damals war, bin ich nicht mehr, wenn ich auch nicht mehr bin, wie ich vorher war.

Der Bericht ist ein Dokument, er soll es bleiben, kein Palimpsest. Das Buch ist ein Fossil, ein Bernsteintropfen, ein Einschluß, den man nicht aufbrechen darf. Ich möchte selbst eine Stellungnahme schreiben aus der Gegenwart, manches interpretieren, was ich mit dem Abstand der Jahre und meiner Entwicklung in der zweiten Analyse jetzt besser überschaue, klarer erkenne.
Was mich am meisten trifft, ist die Festellung, daß das größte Unheil einer solchen psychoanalytischen Verwirrung der Gefühle und Handlungen wohl das ist, daß Schwäche zu massiver, selbstzerstörerischer und zerstörerischer Kraft von geradezu mythologischem Ausmaß werden kann. Er hat mich verführt, und ich habe ihn kastriert, habe ihm seinen psychoanalytischen Penis weggenommen, seine berufliche Identität, das Zentrum der erwachsenen Persönlichkeit, angegriffen. Das führte bei mir zu tiefen Schuldgefühlen, die

nie ganz verschwinden werden. Was in ihm vorgegangen ist, weiß ich nicht und werde ich wohl nie erfahren. Er hat sich nie zu unserer Beziehung geäußert, auch damals nicht, nur agiert.

Er hatte mich verführt.
Aber die Verführung durch den Analytiker ist vielleicht viel mehr eine Verführung durch die Mutter. Ich war eine «Ödipa», die den Vater eliminiert und mit der Mutter eine sexuelle Beziehung hatte, wobei man als Vater eventuell die im Hintergrund in den Kulissen verschwundenen drei Analytiker bezeichnen könnte, deren Rolle als Vermittler ich nicht gesucht, sondern innerlich abgelehnt habe. Die Übertragung ist am Anfang vor allem «mütterlich», auch wenn Freud das nicht gern gehört hat. Der Vater muß erst in langer, gemeinsamer Arbeit gefunden und in die Zweierbeziehung eingeführt werden. Das Hochgefühl, das man in einer Analyse am Anfang erlebt, ist sehr viel weniger das Glücksgefühl mit dem Vater, dessen Intensität variabel, weniger berauschend, aber solider ist als das euphorische Fusionsgefühl, die Ekstase der ersten Beziehung mit der Mutter, das «Ich-Alles» ist, und dann «Ich-Nichts» werden kann. Eine Beziehung, die nicht wandelbar ist, nicht variierbar, da der andere als anderer nicht existiert. Es ist keine Beziehung, an der man zu zweit arbeitet, sondern eine, in die man sich stürzt, von der man verschluckt, in einen orgasmusähnlichen Zustand hingerissen wird.

Mit dieser Konstellation hängt auch zusammen, warum ich mich nicht gewehrt, nicht «draußen» Hilfe gesucht habe. Ich fühlte mich auf Leben und Tod mit meinem Analytiker-Geliebten verbunden, die Identifikation war total. Nicht er war mein Feind, sondern alle, die mich gehindert hätten, diese Beziehung weiterzuleben.

Ich habe ihn kastriert. Er hat meine Weiblichkeit zerstört und mir die Fähigkeit genommen – jedenfalls während der vergangenen zehn Jahre – einen Mann zu «verführen», das heißt mich von einem Mann lieben zu lassen. In zehn Jahren hat mich kein Mann geliebt – ich habe wohl unbewußt alles getan, um ihn daran zu hindern. Dieses Nichtgeliebtwerden oder Nichtgeliebtwerdenwollen scheint mir damit zusammenzuhängen, daß ich die Fähigkeit zum Liebesspiel verloren habe, das heißt, ich konnte mich nicht auf das Risiko einer Begegnung, die in sich alle Möglichkeiten, auch die der Trennung, enthält, einlassen. Mir fehlte die seelische Beweglichkeit, mich seelischen Schwingungen anzupassen. Mein Ich hatte aufgehört, funktionell zu sein. Es hatte den anderen, den territorialen Aspekt, angenommen, der in der «*Zugehörigkeit, der Abgrenzung und Aneignung*»* liegt. Ich konnte den anderen zwanghaft nur in der Erwartung eines «Mutterersatzes» erleben und in der Hoffnung auf eine innige, zu innige Beziehung. Da ich aber mich selbst nicht auf eine Entweder-Oder-Beziehung einlassen konnte, ließ ich den anderen erst gar nicht näher kommen. Ich wußte, daß ich ihn in eine Zwangsjacke gesteckt hätte. Und wer läßt sich schon gern in eine Zwangsjacke stecken, und wäre sie auch aus rosaroten Herzen und weißen Schwanenfedern gewebt.

Alain de Mijolla sagt über den Beginn einer gestaltungsfähigen Beziehung: «*Ein Mensch sieht einen anderen an. Das könnte der Beginn eines schönen Liebesromans sein oder wenigstens einer möglichen Objektbeziehung.*»** Ich war nur zu einem schönen Liebesroman fähig, der ohne Happy-End nicht denkbar war.

Darunter litt ich sehr. Es war, als wenn ich ganz allein auf einem Stern lebte und um mich herum, nah und doch fern, auf anderen Sternen die anderen Menschen, Männer und Frauen, die sich liebten.
Ich lebte in einer anderen Welt, einer Welt der Märchen, wo die Fee kleine Blumensträußchen an ein Auto heftet, um das Haus des Geliebten schwebt. Doch welche Macht liegt darin, die einen alle Grenzen überschreiten und in die Privatsphäre eines anderen Menschen eindringen läßt, ohne daß er es wünscht, und man hat nicht das geringste Gefühl der Schuld, weil man sich so klein und schwach fühlt?

Ich lebte nach einer Uhr, die noch so ging wie die Uhr zur Säuglingszeit. Der Säugling liegt Gott sei Dank ruhig oder auch strampelnd in seiner Wiege oder wohlbehütet in seinem Bett. Phantasien aus jener Zeit mit dem erwachsenen Körper plötzlich vollziehen und realisieren zu können – was für ein Verhängnis. *«Der Schatten des Objekts fiel so über das Ich»* – die melancholische Erlebnisform wird dann noch die beste Lösung zum Schutz des anderen. Vielleicht nicht für einen selbst, denn man zerkratzt sich mit seinen Krallen die eigene Seele, zerreißt den eigenen Körper, bricht das eigene Herz.

Warum habe habe ich es leichtfertig aufgegeben, Psychoanalytikerin zu werden? Ich hatte mich bei der psychoanalytischen Gesellschaft meiner Wahl angemeldet und die mir zugeschriebenen drei Analytiker zum Vorstellungsgespräch aufgesucht. Doch dann, im Zustand der Regression und wachsender Liebesverwirrung, hatte mein Berufsziel nicht mehr Realität als die Berufswünsche eines Kindes, das mal Schornsteinfeger, mal Feuerwehrmann, Lokomotivführer oder Koch werden will... Die Fähigkeit zum beruflichen Engagement habe ich mir inzwischen zurückerobert, die zu Liebesbeziehungen noch nicht.

Ich habe mich oft gefragt, ob ich ihm verziehen habe: Nein. Ich habe darunter gelitten, zu einer echten Bindung nicht fähig gewesen zu sein – er aber hat mich endgültig «festgebunden», und meine fragile Identität, in der vor allem das verinnerlichte Bild eines liebenden Vaters gefehlt hat, war durch seine Behandlung dahin. Doch gerade wegen dieser Probleme habe ich eine Psychoanalyse gemacht. Hätte er nicht der Steuermann sein müssen, der uns beide sicher zwischen Skylla und Charybdis durchschifft? Oder der einen Kollegen hätte zu Hilfe nehmen müssen, wenn ihm die Gefahr zu groß erschienen wäre, um allein den Weg durch Strudel und Untiefen zu finden? Wollte ich mich durch ihn an meinem Vater für die Lieblosigkeit rächen, mit der er mich behandelt hat, hatte ich deshalb einen unbewußten Drang, die Männer zu zerstören, sie als Lockvogel ins Unheil zu treiben? Diesem unbewußten Fallenstellen hätte er im Rahmen und mit der Technik der Analyse begegnen können und von Deutung zu Deutung mich langsam aus Rotkäppchens Wald und vom bösen Wolf wegführen können – in die Sicherheit von Vater und Mutter –, anstatt selbst den bösen Wolf zu spielen, um im tiefen Wald nach eigenen «Un-Gesetzen» Willkür walten zu lassen.

Nach der Therapie habe ich noch den Mut zu einer Analyse bei einer Analytikerin gefunden. Mir war klar geworden, daß eine Therapie eine Kompromißlösung war, keine Heilung aus der Tiefe bewirken konnte. Jetzt habe ich manchmal ein wunderbares Gefühl der inneren Erneuerung, ein Glücksgefühl, das mir fast absurd vorkommt. Vielleicht habe ich endlich die Nachtwelt und den lockenden Liederkreis von Erlkönigs Töchtern verlassen, befinde mich auf dem Heim-Weg ins Leben. Vielleicht sind alle Zweifel, die mich jetzt noch quälen – oder jedenfalls ein Teil – Hirngespinste – Hirngespinste, die sich vielleicht eines Tages auflösen, Gewebe, zarte Fäden des Indian Summer, die glückbringend in der Herbstsonne schweben...

«Wer die Kunst des Leichtnehmens versteht, der lebt, und wer alles schwer nimmt, der lebt nicht und ängstigt sich vor Gespenstern, die gar nicht da sind!»***

Gespenster, die nicht mehr da sind.

---

*   Jean-Claude Racamier: *Die Schizophrenen*, 1982.
** Alain de Mijolla: *Pour une Psychanalyse de L'Alcoolisme*, 1973.
*** Theodor Fontane: *Unwiederbringlich*.

I

Wir liebten uns auf der Analysecouch.
Ich mochte es nicht auf der Couch nach der Sitzung. Ich hatte dann keine sexuellen Gefühle, empfand nur Liebe und Zärtlichkeit. Eine unendliche Zärtlichkeit für diesen Körper mit der Kupfer- und Samthaut. Ich schlief lieber im Zimmer nebenan mit ihm. Er hat es später für uns eingerichtet. Während wir uns liebten, sagte er: *«Wenn ich Du wäre, würde ich Bertrand heiraten.»* Er spürte, wie ich erschrak. *«Aber ich bin nicht Du»;* und er machte weiter.
Fünf Jahre Gefängnis?
Fünf Jahre Gefängnis – vielleicht – für dich wäre das viel. Doch ich habe zehn Jahre verloren. Zehn Jahre meines Lebens. Ich muß wieder ganz von vorn anfangen, mich selbst wiederfinden, die anderen, die Welt neu entdecken, ohne Angst, ohne Panik. Ich habe wieder lernen müssen, erwachsen zu sein, nicht mehr ständig mit dem Ohr am Bauch zu leben, keine Angst zu haben, bei einer Einladung am Tisch zusammenzubrechen oder mit dem Glas in der Hand zwischen vergnügten Menschen ohnmächtig zusammenzufallen. Ich hatte Angst zu sterben, jeden Tag, mehrere Male am Tag. Zuhause fühle ich mich einigermaßen sicher. Nur noch selten werde ich von Panik gepackt. Am liebsten würde ich mein Haus nicht mehr verlassen. Unter Menschen zu sein, macht mir Freude nur in der Erinnerung an früher, an die Freude, die ich früher einmal hatte. Ich war gesellig, bin gern ausgegangen, habe gern getanzt. Jetzt finde ich es unerträglich, mit Menschen zusammen zu sein, und doch ist mir die Einsamkeit unerträglich. Ich kann die Gegenwart der anderen zwar allmählich wieder ertragen, aber eben nur er-

tragen. Mich mit anderen zu konfrontieren, bleibt für mich eine Aufgabe, eine Prüfung oder Mutprobe, die ich jeden Tag von neuem zu bestehen habe. Die Zeit vergeht, und ich bin allein. Alle Bindungen sind zerbrochen. Zehn Jahre sind vergangen.
Die «Analyse» ist ungültig. Einen zweiten Versuch zu unternehmen wage ich nicht. Noch einmal auf der Couch liegen, jemand, der hinter mir sitzt – eine unerträgliche Vorstellung, und doch müßte es sein. Mit anderen zusammen in einem Seminar zu sitzen, das kann ich nicht, ich habe einfach Angst. Meinen Wunsch, Psychoanalytikerin zu werden, mußte ich aufgeben. Zum Glück kann ich übersetzen. Am liebsten sitze ich zu Hause am Schreibtisch und arbeite. Der Garten und meine Tiere. Der Kater hat sich auf das Lexikon gelegt, eine Katze liegt hinter mir auf dem Stuhl, die andere auf der Fensterbank. Dieses kleine intime Glück habe ich wenigstens wiedergefunden. Vielleicht sollte ich dem Leben wieder trauen, dem Zufall und vor allem mir selbst. Es gibt immer Überraschungen. Vielleicht auch für mich.
Jean.
Jean, erinnerst du dich an mich? Weißt du, ich wollte dich schon verklagen. Ich habe daran gedacht. Ich habe so gelitten. Du hast mich nach einem zauberhaften Liebesabend verlassen. Ich sehe dich noch auf dem Stuhl neben dem englischen Tisch am Fenster sitzen. Du hast in einem Buch geblättert. Ich hatte Lust, dich auszuziehen. Ich habe dein Geschlecht gesucht, habe zärtlich mit ihm gesprochen, hielt es in meinen Händen, spielte mit ihm. Du hast das Buch weggelegt und meine Haare geküßt. Ich zog dich langsam aus, ganz langsam. Wir haben nicht einmal die Bettdecke zurückgeschlagen, und du hast mir Zärtlichkeiten gesagt.
«Ich rufe Dich nächste Woche an.»

Du hast mich nicht angerufen, nie wieder. Du hast mir keine Erklärung gegeben. Ich hätte mich an deinen Worten festhalten, mich an ihnen aufrichten können. Stattdessen schweigst du. Das Schweigen des Psychoanalytikers. Ich bin krank geworden, sehr krank. Monatelang. Ich hatte keine Lust mehr zu leben. Und ich hatte Angst. Nicht etwa vor etwas Bestimmtem, ich bestand nur noch aus Angst, war von ihr besessen. Wie eine Krake kroch sie in mich, breitete sich in meinem ganzen Körper aus. Ich fand keinen Platz mehr zum Leben. Ihre Fangarme würgten mich.

Aber ich werde dich nicht verklagen. Vielleicht schicke ich dir mein Buch, damit du mein Leiden teilst. Nein, nicht einmal das werde ich tun. Du kannst es dir in einer Buchhandlung kaufen. Ich werde dich nicht verklagen. Ich werde dich aus Liebe nicht verklagen. Allerdings nicht aus Liebe zu dir. Seit einigen Wochen liebe ich dich nicht mehr, nicht etwa, weil ich dich ersetzt habe, sondern weil ich aufgehört habe, dich zu lieben. Was für eine Erleichterung, was für ein wunderbares Gefühl der Befreiung. Ich will dich aus Liebe zu mir selbst und aus Liebe an die Erinnerung an die vergangenen Jahre nicht verklagen. Jahre, die für mich schwer waren – du kannst dir nicht vorstellen wie schwer. Aber die mir gehören. Ich habe eine Erfahrung gelebt, die ich nicht nur schwarz sehen will. Die Übertretung, unsere außergewöhnliche Leidenschaft hatte ihre eigene Poesie. Es war keine Leidenschaft in den zarten Tönen eines impressionistischen Gemäldes der Ile de France. Sie war nicht lieblich, nicht verträumt, sondern von verführerischer Gewalt, schwarzglühendes Vulkangestein, trunkene Nächte im Duft der Orangenblüten, Spaliere von Oleander. Jasmin und Tod ineinander fließend. Wollust und Tod. Nächte der Liebe und des leidenschaftlichen Wahns. Aber auch der Rache. Und ich will mich rächen. Nicht mit einem Tropfen Gift in einem Becher, der gefüllt ist mit Lachrima Christi. Nein, ich räche mich durch Worte. Hast du nicht immer wieder gesagt: *«Schreib' es nicht auf, schreib' es auf keinen Fall auf!»* Wenn du bei mir geblieben wärst, hätte ich es nie aufgeschrieben. Ich möchte unsere Erinnerungen nicht vor einem Gericht ausbreiten und nur noch an die Überschreitung, das verletzte Gebot denken. Ich habe von den Genüssen des Inzests gekostet. Den Göttern vorbehaltene Genüsse.

Doch ich bin nicht Venus, und du bist nicht Jupiter. Und den Inzest habe ich teuer bezahlt. Hast du eigentlich nie gemerkt, daß du nur den Körper der erwachsenen Frau in deinen Armen gehalten hast? Im Grunde hast du, der Psychoanalytiker, nie wirklich an die Psychoanalyse geglaubt, auch nicht an die Existenz des Unbewußten. Oder wolltest du gerade die Macht des Psychoanalytikers über das Unbewußte ausprobieren? Sie geht weit, das kannst du mir glauben. Ich habe sie als Macht über Leben und Tod erfahren. Warum hast du mich nicht geliebt, zum Sterben geliebt? Oder für das Leben – ich ziehe diese Seite vor. Dann hätten wir die Analyse aufgegeben und unsere Liebe gelebt.

Nein, du hast mich nicht geliebt, du hast mich nie geliebt; du hast mit mir gespielt, mit mir, der Liebe und – der Couch. Allmächtiger Hexenmeister – vielmehr Zauberlehrling. Wasser hat alles überschwemmt, die Mauern sind eingebrochen. Eine Sintflut. Ich weiß nicht, ob du diesen Bericht lesen wirst, du versteckst lieber alles. Die zerbrochene Puppe – das Buch? Vielleicht hast du dir sogar gewünscht, ich würde mich umbringen. Das wäre für dich am bequemsten gewesen. Du hast einmal so eine Andeutung gemacht: Die Puppe fällt aus dem fünften Stock und nimmt ihr gefährliches Geheimnis mit in den Tod. Keine Spuren, ein bißchen Blut, das die Concierge wegwischt. Nein, ich werde dich nicht verklagen. Ich will nicht einfach nur Opfer sein. Ich möchte herausfinden, warum ich mich von dieser hemmungslosen Leidenschaft habe mitreißen lassen. Wann und wie ich auf den gefahrvollen Weg geraten bin, der zunächst über festen Boden führte und sich dann in den Sümpfen verlor, in denen Nebel und Irrlichter ihr trügerisches Spiel trieben. Ich will versuchen, die logische Verkettung, das Grundmuster dieses verhängnisvollen Abenteuers zu entdecken; mit Hilfe des Ariadnefadens aus dem Labyrinth herausfinden. Tageslicht soll den dunklen Raum meiner Vergangenheit erhellen, Morgenwind den betörend süßen Duft der Narzissen vertreiben.

Ja, ich habe ihn lieber im Zimmer nebenan geliebt, das er – wie er gesagt hat – für uns eingerichtet hat. Als er zum ersten Mal die Tür öffnete, war ich sehr bewegt. Eigentlich hätte er mich in seinen Armen über die Schwelle tragen müssen. Endlich ein Bett. Die Couch, der magische Ort, der Ort meiner Phantasien und meiner Kindheit blieb auf der anderen Seite. Ich glaube, daß es auch für ihn leichter war, mich in diesem Zimmer zu lieben. Als wir uns das erste Mal auf der Analysecouch liebten, hatten wir am Anfang einige Schwierigkeiten: «*Er möchte in Deinem Mund sein!*» Als ich ihn beim Abschied umarmte und sagte: «*Es war so schön, so schön*», antwortete er lächelnd: «*Schön vielleicht, aber nicht gut.*» Ich gab ihm einen Kuß für diese Offenheit. Als wir später nicht mehr auf der Couch, sondern nebenan oder bei mir zusammen schliefen, war es anders. Einmal sagte er:

«Weißt Du, mir ist gar nicht wohl dabei. Ich werde nie wieder mit einer Patientin schlafen.» Eifersüchtig habe ich geantwortet: *«Das will ich hoffen.»*
Als ich nach dem ersten Mal mit dem Auto nach Hause fuhr, war ich nicht nur glücklich, sondern auch enttäuscht. Meine Analyse war zu Ende. Es schien mir, als dürfte ich mich nicht darauf freuen, daß wir uns von jetzt an normal sehen könnten, uns unserer Liebe freuten und für immer zusammenblieben. Daß ich endlich mit dem Mann leben würde, den ich liebte. Und ich zwang mich, mir diese neue Situation, von der ich so oft geträumt hatte, in allen Einzelheiten auszumalen.

II

Nach meinem Psychologiestudium wollte ich Psychoanalytikerin werden. Ich stellte mich wie vorgeschrieben bei drei Lehranalytikern vor und machte mit einem Analytiker, den mir ein Freund, selbst Analytiker, empfohlen hatte, einen Termin aus. 14 Tage später sollte ich zu einem Gespräch zu ihm kommen. Er war mir nicht sehr sympathisch. Ich zögerte. *«Dann kommen Sie doch Ende Juni zu einem zweiten Gespräch»,* ermutigte er mich. Vielleicht erklärte sich mein Zögern aus meinem Widerstand gegen die Psychoanalyse. Vielleicht hatte ich einfach Angst, in mich selbst, in meine Vergangenheit einzutauchen. Ich wußte es nicht. Bei meinem zweiten Besuch hatte ich wieder das Gefühl, jemandem gegenüber zu sitzen, der irgendwie aalglatt war, ein bißchen zu liebenswürdig und zu höflich, fast unterwürfig, gar nicht mein Typ. Latin Lover.
Aber Psychoanalytiker vergleicht man ja nicht mit den Männern dieser Welt. Man wählt sie nicht nach denselben Kriterien aus. Sie gehören einer anderen Welt an, leben jenseits dieser Welt, jenseits der Welt ihrer Patienten, in einem geschlossenen Raum, dessen Bezugspunkte ich lediglich theoretisch kannte. Ich meine natürlich die Psychoanalytiker, bei denen man in Analyse ist.
Ich akzeptierte also den 9. September als Beginn meiner Analyse. Ich hatte für die Zahl Neun schon immer eine Vorliebe. Sie hat in meinem Leben immer eine Rolle gespielt, lange bevor ich im Buch Sohar entdeckt hatte, daß sie einer komplizierten Rechenoperation zufolge meinem Namen entsprach, daß sie meine Zahl war. Es war ein Spiel, nicht sehr ernstzunehmen, aber die Neun gefällt mir, obwohl ich nicht an Astrologie und Okkultismus glaube.

Fünf Jahre Gefängnis. Fünf Jahre Gefängnis. Ich hätte sterben können. Aus Liebeskummer. Aus Wahnsinn. Ich wurde krank, sehr krank. Ich ging von Arzt zu Arzt. Eine Krankheit folgte der anderen. Ich war stets versucht, einen anderen Psychoanalytiker aufzusuchen, doch das kam mir wie Verrat vor. Ich wollte nicht über meine Geschichte sprechen und damit Gefahr laufen, ihn zu verlieren, ihn, auf den ich immer noch wartete. Ich wollte mein Geheimnis, unser Geheimnis für mich behalten, und auch die Hoffnung. Nach einer besonders heftigen Krise habe ich den Entschluß gefaßt: Ich hatte die Wahl, schien mir, zwischen Überleben und Verrat. Ich habe mich für das Leben entschieden.

Es war ein Montagnachmittag, als ich das erste Mal zu meinem zweiten Psychoanalytiker ging. Während ich ihm gegenübersaß, hatte ich das Gefühl, wieder leben zu dürfen. Einen Ort gefunden zu haben, der mir Schutz bot vor diesem unerträglichen inneren Druck. Endlich Hoffnung auf Frieden. Endlich durfte ich reden, und einer, der uns nicht verraten würde, hörte zu. Mit dem ich mein Geheimnis teilen, dem ich meine Wunden zeigen konnte. Ich wollte verstehen. Von ihm genesen. Gesund werden.
Ich begann eine Psychotherapie, die vier Jahre dauerte. Vier Jahre, in denen ich zweimal wöchentlich zu ihm gefahren bin, zuerst mit dem Taxi, dann mit dem Bus und schließlich mit meinem eigenen Auto. Langsam tauchte ich wieder aus dem Morast auf, befreite mich von diesem undurchdringlichen Dickicht, der Dornenhecke, die mich gefangen hielt. Ich war ein zu Tode gehetztes Tier, das Hilfe brauchte, beruhigt werden wollte. Erst viel später begann die eigentliche analytische Arbeit. Ich hatte große Angst vor der Übertragung. Ich hatte Angst, das Feuer der Leidenschaft könnte

sich abermals in mir entzünden, das Flammenmeer, in dem ich schon einmal beinahe verbrannt wäre. Ich glaube, daß meine Befürchtungen nicht unbegründet waren. Denn je mehr ich mich davor fürchtete, desto mehr wünschte ich es mir auch. Der Zwang zur Wiederholung.
Wenn die Psychoanalyse Regression des Patienten und Wiederholung der Kindheit unter der Aufsicht des Psychoanalytikers ist und wenn der Psychoanalytiker dadurch die Macht hat, in der Tiefe zu intervenieren, die Musik der Originalaufnahme zu verändern und ein zweites Libretto zu schreiben, das fortan bestimmend ist, dann waren meine Befürchtungen gerechtfertigt. Die Aufnahme, die unter den Händen meines Analytiker-Geliebten entstanden und mit seinen Worten bespielt war, enthielt ohne Zweifel die Aufforderung zum Inzest und hat bei mir die Lust auf Bestrafung für den vollzogenen Inzest ausgelöst. Als wären meine ersten frühkindlichen Erlebnisse tatsächlich der mit Vater und Mutter vollzogene Inzest gewesen; und, um mich zu bestrafen, hatten beide mich verlassen, Mutter und Vater.

Mein zweiter Psychoanalytiker war mir von Anfang an sympathisch. Sein Gesichtsausdruck und vor allem seine Augen gefielen mir. Ich hatte noch nie so gütige Augen gesehen. Er hatte einen feingezeichneten Mund und schöne elegante Hände. Einmal habe ich in einem Augenblick tiefer Dankbarkeit vorsichtig sein Gesicht gestreichelt – auf dem Photo in einem seiner Bücher – mit schlechtem Gewissen. Aber um gesund zu werden, mußte ich die Übertragung akzeptieren. Ich hatte die Bücher gelesen, die er geschrieben hat, lange bevor ich zu ihm in die Therapie gegangen bin; sie haben auf mich einen nachhaltigen und entscheidenden Einfluß ausgeübt. Ich denke, daß seine Schriften der ausschlaggebende Grund waren, warum ich ihn als Psychoanalytiker gewählt habe. Und die Übertragung verlief zunächst über sie. Ohne daß ich in der Realität jemals etwas wie Liebe für ihn empfunden hätte, entstand die emotionale Übertragungsbindung doch nach langem und heftigem Widerstand. Eine Übertragung, die ich mißtrauisch und ängstlich überwachte, die dennoch stark genug war, damit sich die zu meiner Genesung nötigen Veränderungen entwickeln konnten. Mein zweiter Psychoanalytiker war für mich vor allem ein Verbündeter im gemeinsamen Kampf gegen meine «Dämonen», gegen meine Phantasien, die mich zu verschlingen drohten. Er half mir beim Bau des Schutzwalls, der brutal zerstört worden war. Am Ende der letzten Sitzung vor den langen Ferien stand ich schon in der Tür, als er auf meinen Schirm, den ich vergessen wollte, deutete und sagte: *«Gehört der Ihnen?» «Ja.»* Und wir lächelten uns wie zwei Verschworene zu, weil wir wußten, daß etwas von mir gern bei ihm geblieben wäre, obwohl ich mich auf meine Ferien freute. Und ganz langsam änderte sich das Leitmotiv. Aber die Angst vor dem Rückfall blieb.

III

9. September – meine erste Analysestunde. Ein schöner sonniger Tag im Spätsommer. Ich klingle, aufgeregt. Er öffnet mir und empfängt mich höflich. Er führt mich in sein Sprechzimmer, einen kleinen dunklen Raum, nur von einer Lampe erhellt: ein schöner Louise-seize-Schreibtisch, ein Ledersessel, die Couch. Eine einladende Handbewegung. Soll ich meine Schuhe anbehalten oder ausziehen? Ich zögere. Ich behalte sie an und lege mich hin. «*Und jetzt soll ich also sprechen, ohne Sie zu sehen...*» «*Und ohne gesehen zu werden*», fuhr er fort.

Ich spreche gern von mir, den guten und schlechten Dingen meiner Kindheit, meinen Geheimnissen; wozu ich Lust habe, was ich hasse, was ich liebe. Er spricht wenig. Ich höre seine Stimme, seinen rauhen gedämpfen Klang, flüsternd, einschmeichelnd. Ich bin glücklich, wenn ich spüre, daß er lächelt; ein Lächeln, das schnurrt, zart und sinnlich. Der Spätsommer hört nicht auf in diesem Jahr. Jede Sitzung ist für mich ein Fest. Mein Auto parke ich immer in der kleinen Straße hinter seinem Haus. Bis zum Beginn meiner Stunde gehe ich ins Café um die Ecke und trinke einen Lindenblütentee. Die dicke Wirtin, immer ein bißchen schmuddelig und schlampig gekleidet, kennt mich und freut sich über mein regelmäßiges Erscheinen. «*Schau an, die Lindenblütenmamsell, wie geht's Ihnen denn? Sagen Sie mal, was machen Sie hier eigentlich dreimal die Woche immer zur gleichen Zeit?*»

Ich spreche oft von Bertrand. Ich verstehe mich zwar sehr gut mit ihm, aber er bleibt mir fremd. Ich schätze und bewundere ihn, er gefällt mir, aber unsere Liebe ist wie ein brachliegendes Feld. Und doch suche ich sie für uns beide. Ich suche sie sehnsüchtig. Warum finde ich sie nicht? Manchmal habe ich den Eindruck, sie zu streifen, mit meinen Fingern zu berühren. Es gibt Augenblicke überschwenglichen Glücks, da bin ich sogar sicher, sie endlich mit Händen greifen zu können. Doch dann verschwindet sie ebenso plötzlich, wie sie gekommen ist; heimtückisch und bösartig entzieht sie sich wieder. Und ich weiß nicht warum. Und auch Bertrand weiß nicht warum. Vielleicht merkt er es nicht einmal. Vielleicht gibt er sich mit der Liebe als Lust, als vorübergehendem Gefühl, zufrieden. Es geht ihm nicht um die Liebe, um die man kämpfen und sich ausdauernd bemühen muß. Habe ich Angst vor Bertrand oder Angst vor der Liebe, vor dem Risiko und vor zu großer Nähe? Vielleicht brauche ich einen gewissen Sicherheitsabstand. Außer wenn ich in seinen Armen liege. Da vergesse ich alles. Die Leidenschaft löscht meine Unsicherheit und meine Zweifel aus. *«Du gibst Dich mir nie wirklich hin»*, beklagte er sich manchmal, *«außer wenn wir zusammen schlafen.»* Und er sagt, ich sei für die Liebe geboren, aber er ziehe die Bequemlichkeit den großen Gefühlen vor.

Manchmal schlief mein Analytiker während der Sitzung ein. Ich fühlte dann, wie der Faden der Aufmerksamkeit, der mich auf der Couch und ihn in seinem Sessel verband, riß. Es störte mich, zu jemandem zu sprechen, der mir nicht mehr zuhörte, aber es gefiel mir auch. Ich lauschte den Geräuschen, die aus seinem Sessel kamen, dem Rhythmus seines Atmens, das stärker wurde; schwerer und intensiver fühlte ich seine Anwesenheit, und doch war er so weit entfernt. Ich entspannte mich und genoß die vielen kleinen Laute, die den Raum erfüllten und eine intime Stimmung schufen. Das Knarren des Parketts, die Geräusche, die durch die geschlossenen Läden gedämpft und undeutlich von der Straße eindrangen. Ich sah dem Licht zu, wie es um die Staubkörnchen tanzte, einer Fliege mit schillernden Flügeln, die auf dem ausgespannten Faden eines Sonnenstrahls balancierte. In meiner Phantasie verschob ich den Sessel und verwandelte ihn in ein Bett an meiner Seite. Es ist schön, neben jemandem zu liegen, während man sich selbst noch im Vorzimmer des Schlafs befindet. Es bereitete mir sinnliches Vergnügen, mir vorzustellen, mich ihm zu nähern. Ich hatte Lust, mich an ihn zu schmiegen, meinen Kopf in die Beuge seiner Schulter, meinen Arm um ihn oder auf seine Brust zu legen, ohne ihn aufzuwecken; ich wollte sein Parfüm riechen, seine warme Haut, ihn leicht auf die geschlossenen Lider küssen, meine Wange an seiner, rauh. Das plötzliche Geräusch seiner Schuhe auf dem Leder seiner Fußstütze kündigte an, daß er aus dem Schlaf aufschreckte. *«Sie haben geschlafen.» «Warum wollen Sie, daß ich schlafe?» «Ich will nicht, daß Sie schlafen, aber Sie haben geschlafen!»* Ich schämte mich ein bißchen, daß ich ihn ertappt, ihn wider seinen Willen überwacht und ihm seinen Schutzpanzer und seine Analytikerwaffen geraubt hatte. Mein Gott, was für ein schwieriger Beruf, was für ein herrlicher Beruf, allen Versuchungen ausgesetzt. Denen des Prometheus, des Luzifer, des Dr. Faustus, Jupiters, Gott und Teufel. Des Pygmalion und seiner Marmorstatue, die durch den Kuß von Venus zu atmen beginnt und zur Frau wird; die Frau wird für die anderen Männer. Die Frau – geboren aus einer einzigartigen intimen Beziehung; sie geht; schön, fertig für die Liebe, bereit, sich von einem anderen Mann lieben zu lassen. Was für eine Versuchung, alle Frauen zu lieben, alle Patientinnen, die sich ihm verführerisch und beharrlich anbieten, was für eine Versuchung – so vermute ich jedenfalls. Damals gingen mir diese Gedanken nicht durch den Kopf. Ich lebte ausschließlich in der Analyse.

IV

Diese «analytischen Flitterwochen» waren nicht von Dauer.
Ich kam immer ein bißchen zu früh, um genügend Zeit zu haben, einen Parkplatz zu suchen. Und dann wartete ich – entweder im Café, oder ich blieb im Auto und hörte Musik. Eines Tages sehe ich schon von weitem seinen Wagen kommen. Ein grenzenloses Glücksgefühl steigt in mir auf. Aber er ist nicht allein. Neben ihm eine Frau. Seine Frau. Eine Flutwelle ergreift mich, wirbelt mich herum, zerreißt mich. Eifersucht packt mich, quälend und verzehrend. Ich will davonlaufen, nie wieder an diesen Ort der Erniedrigung und des Schmerzes zurückkehren, ihn nie wiedersehen, nie mehr zur Stunde kommen. Ich fühle mich verraten, verhöhnt, betrogen. Es tut so weh – so weh, daß ich nicht einmal mehr meinen Wagen anlassen kann, um
wegzufahren. Die Realität ist wie weggewischt. Es bleibt dieser unendliche, bohrende Schmerz, die absolute Einsamkeit, endgültig.
Allein.
Verstoßen.
Verlassen.
Nur er kann mir helfen, der mich so verletzt hat.
Ich gehe in meine Stunde.
Ich weine und klage ihm meine ganze Not.
«Ihr Leiden gehört in Ihre Kindheit. Nicht ich war es, der Sie verlassen hat, als Sie ein Kind waren. Der heutige Vorfall hat nur einen Mechanismus ausgelöst, der in Ihrer frühen Kindheit entstanden ist und der Sie die Vergangenheit wiedererleben läßt, als wäre sie die Gegenwart.»
«Wegen meines Vaters, weil er mich verlassen hat? Nein,

Ihretwegen habe ich gelitten. An meinen Vater denke ich selten und ohne leidenschaftliche Gefühle.»
«*Ihr Vater.»*
«*Nein! Nein! Und nochmals nein!»*
Ich lehnte seine Deutung ab, war aber merkwürdigerweise trotzdem etwas ruhiger geworden; ein Hoffnungsschimmer schien auf. Sollte ich seine Liebe nicht ganz verloren haben, war ich doch nicht ganz allein, hat er mich nicht ein für allemal verlassen?
Ich brauchte sehr lange, um mir klar zu machen oder vielmehr zu er-fühlen, daß meine jetzige Persönlichkeit und meine Art und Weise zu lieben und zu hassen, glücklich oder unglücklich zu sein, Blumen sind, die mein Vater und meine Mutter damals in meinen Garten gepflanzt haben, gute und böse Blumen, schöne und häßliche. Mein Vater, der einzige Mann meines Lebens, meines ganzen Lebens – und alle anderen Männer in Beziehung auf ihn – ihm ähnlich oder ganz und gar unähnlich.

In Begleitung meines Analytikers hatte ich mich auf den Weg gemacht, das Kryptogramm meiner Persönlichkeit zu entziffern, die Teile des Puzzles wieder zusammenzusetzen und meine Wahrheit zu entdecken. Ich vergaß mit der Zeit, daß mein Analytiker mir anfangs nicht sehr sympathisch war. Er wurde für mich der wichtigste Mann auf der Welt; mir schien, als wäre er es, der «Mann meines Lebens». Und nach den Gesetzen der Psychoanalyse mußte das so sein, selbst wenn mein Analytiker so häßlich wie Caliban oder so unheimlich wie E.T. gewesen wäre. Und so war die Analyse zum Mittelpunkt meines Lebens geworden.
Es gab ein Spiel, das vielleicht gar keines war, sondern lediglich Zufall, ein zeitliches Zusammentreffen zweier von-

einander unabhängiger Ereignisse; Zufälle, die in meinen Augen, meiner Einbildung, meinem Begehren zu Zeichen des Schicksals wurden.
Auf dem Guéridon gegenüber der Couch standen zwei chinesische Katzen. Zwei Katzen aus Porzellan. Sie waren lebendig, änderten ihre Stellung, drehten und bewegten sich. Manchmal standen sie ganz dicht zusammen, als würden sie ihre Nasen aneinander reiben. Ein andermal wieder standen sei weit auseinander, und jede schaute in eine andere Richtung.
Wenn ich das Sprechzimmer betrat, warf ich sofort einen Blick auf diese Katzen, um zu sehen, in welcher Stellung sie sich befanden. Berührten sich ihre Schnauzen in einem zärtlichen Kuß, war ich stundenlang, ja tagelang glücklich. Und dann auch wieder traurig, wenn sie getrennt voneinander waren. In der Haltung dieser Katzen sah ich ein Bindeglied zwischen meinem Analytiker und mir, eine Art Geheimsprache. Es war seine Hand, die sie bewegte, die mir Zeichen gab, Botschaften schickte.
Eines Tages, als wir bereits Geliebte waren, schenkte ich ihm eine dritte Katze. Eine alte, sehr wertvolle Katze aus China, in einer anderen Farbe. In der darauffolgenden Sitzung stellte er mir die Schlüsselfrage:
«Haben Sie dabei an etwas Bestimmtes gedacht?»
«An uns beide und unseren Schutzengel.» Inzwischen glaube ich, daß ich ihm ein Zeichen gegeben habe. Ich wollte ihm zu verstehen geben, daß ich zu ihm kam, um mit ihm zu dritt zu sein. Ich als Kind mit Vater und Mutter.
Während ich schreibe, ist mir manchmal, als unterstützte mich die magische Kraft Prosperos und Ariels bei dem Bemühen, auf der Insel der Gegenwart die Hauptpersonen zu versammeln, die mich auf der Kreuzfahrt meiner Vergangenheit begleitet haben.

Daniel Barenboïm zum Beispiel; die erste Phase meiner Analyse fiel in den Winter, in dessen Verlauf Daniel Barenboïm mit dem English Chamber Orchestra sämtliche Klavierkonzerte Mozarts gespielt hat. Sie haben die inneren Wanderungen, das launische Spiel meiner Phantasien, die Sätze und Phrasen meiner Seelenmusik begleitet. Das 22.Konzert brachte für mich musikalisch die Übertragungssituation mit meinem Analytiker zum Ausdruck. Im Dialog oder vielmehr in meinem Monolog, denn es war vor allem ich, die sprach. Aber auch in der Stille war der andere da, hinter mir, und hörte mir zu. Durch mein Reden und sein Zuhören entstand zwischen uns, zwischen Sessel und Couch, ein Magma, ein Gespinst, ein magnetisches Feld, in das die kommenden Ereignisse gespannt waren. Obwohl ich ihn nicht sah, spürte ich seine Gegenwart, seine Aufmerksamkeit. Der verträumte, langsame Satz des 9. Klavierkonzerts bringt mit unendlicher Zärtlichkeit die ersten Regungen meiner inneren Sinne zum Klingen, rührt an verborgene Gefühle, der Liebe ähnlich, aber ohne feste Konturen – Liebe und Glück, die Liebe im Keim. Die als Liebe sich zu Daniel Barenboïm, zu meinem Analytiker oder einem anderen Mann hätte entwickeln können.

Und so auch alle anderen heftigen unvorhersehbaren Seelenbewegungen, die aus dem Szenario meiner fernen Vergangenheit aufstiegen; Liebe, Haß, Begehren, Eifersucht und als Leitmotiv und Generalbaß das sehnsüchtige Verlangen nach dem anderen, mein zaghaftes, beharrliches Suchen nach Gemeinsamkeit.

Unter den sicheren Händen von Daniel Barenboïm geraten die hohen, ja sogar die allerhöchsten Töne, die sonst oft stumm bleiben, in Schwingung und tragen weit durch den Raum

Und wenn in dieser sehnenden Stimmung, wenn dank meiner Feder, die vielleicht magische Kräfte hat, mein Analytiker-Geliebter in diesem Augenblick wieder auftauchte?
Ich weiß nicht, ob ich noch Lust habe, ihn zu sehen. Ich hätte vor allem Angst, mich von neuem im Netz seiner Verführungskünste zu verfangen, seiner Macht zu erliegen und wieder die Puppe zu werden, die außer «Mama» und «Papa» nichts sagen kann.
Manchmal scheint mir, es gäbe ihn gar nicht, als wäre er nur ein Alptraum, ein Wahngebilde, der Faun meines Sommernachmittages.

«Heute Nacht hatte ich einen merkwürdigen Traum.
Ich sah Ihren Wagen auf einem Parkplatz stehen. Unschlüssig ging ich näher. Mein Herz schlug heftig, mein Hals war wie zugeschnürt. Es war niemand im Wagen. Ich schaute durch die Fensterscheiben und sah Ihr Hemd, Ihr rosa Hemd, das mir so gut gefällt, auf dem Rücksitz liegen. Gern hätte ich es gestohlen. Ich blickte mich um. Niemand. Ich öffnete die Tür. Ich nahm ihr Hemd. Ich vergrabe mein Gesicht darin, atme Ihren Duft. Das Parfum Ihres Körpers. Und ich laufe schnell fort. Ich will mit meiner Beute allein sein, meinen Schatz unter meinem Kopfkissen verstecken, ihn ganz für mich allein behalten.»
«Ich weiß, daß Sie sich schon eine ganze Weile mit meinem Penis beschäftigen.» Wie elektrisiert fahre ich von der Couch hoch, drehe mich nach ihm um und schaue ihn an, wie er hinter mir sitzt. Er liegt auf seinem Sessel ausgestreckt, mit geschlossenen Augen, ein leichtes Lächeln umspielt seinen Mund. Er sieht glücklich aus. Er sieht mich nicht. Aber ich habe ihn gesehen. Ich habe sein Gesicht der Liebe gesehen. Ich lege mich wieder hin und schweige. Es knistert zwischen

uns, eine nur schwer zu ertragende angenehme Spannung. An jenem Tag verabschiede ich mich eher kühl, und auch er ist spröder, distanzierter als sonst.

Aufgewühlt fahre ich nach dieser Sitzung nach Hause. Der nächste Tag ist ein Sonntag. Ich habe einen großen Strauß rosa Tulpen in meinem Schlafzimmer. Das rosa Hemd – die rosa Tulpen – das rosa Hemd – die rosa Tulpen. Ich gehe ins Bad und mache mich schön. Ich kämme mich, ziehe mein schönstes Nachthemd aus rosa Seide an. Ich parfumiere mich, dann gehe ich ins Bett. Ich masturbiere und denke dabei an rosa Tulpen, an ihn, an meinen Analytiker. Und im Orgasmus flüstere ich ihm zärtliche Worte zu: «*Amore, amore mio.*»

Es ist das erste Mal, daß ich onaniere, seit ich erwachsen bin. Die Kindheitserfahrungen liegen irgendwo tief in mir vergraben, ich habe daran keine Erinnerung mehr. In der folgenden Sitzung erzähle ich meinem Analytiker diese Liebesphantasien, dieses Spiel mit den rosa Tulpen. Er äußert sich nicht. Bei anderer Gelegenheit kommt er darauf zurück und erinnert mich daran, daß ich mich trotz des Verbots meiner Mutter schön gemacht habe, um zu masturbieren, trotz meiner Mutter, die nur wenige Schritte von mir entfernt wohnt.

V

Inzwischen hatte ich die Familienangehhörigen meines Analytikers entdeckt. Zufällig. Denn er wohnte nicht in dem Haus, in dem er seine Praxis hatte. Seine Kinder gefielen mir gut, vor allem seine Tochter, ein süßes kleines Mädchen, ein zauberhaftes Kind. Aber ich war auch eifersüchtig, wenn ich sie mit ihm sah. Ich wäre am liebsten das kleine Mädchen gewesen, zu dem er zärtlich war, und wünschte mir gleichzeitig, daß es unser Kind wäre. Und ich seine Frau, die Mutter seiner Tochter. Ich war beglückt, als mir eines Tages einer seiner Söhne im Hausflur ein flüchtiges Lächeln zuwarf.

Seine Frau konnte ich nicht ausstehen. Wir hatten Parkprobleme. Ich hatte gerade einen Parklücke gefunden, da schlüpfte sie schon, während ich noch manövrierte, in sie hinein. Ein anderes Mal hatte ich meinen Wagen vor dem meines Analytikers so abgestellt, daß sich beide in die Augen sehen und miteinander sprechen konnten. Mir machte das Freude. Und in der Sitzung sprach ich mit meinem Analytiker darüber. *«Sie wollten mich sehen, mir in die Augen schauen und dabei mit mir sprechen.»* Er hatte recht. Als ich dann das Haus verließ, war sein Auto nicht mehr an seinem Platz, es stand jetzt hinter meinem. Mit Tränen in den Augen setzte ich mich ans Steuer und wäre an der nächsten Kreuzung beinahe in ein Auto hineingefahren, weil ich die rote Ampel übersehen hatte.
Ein anderes Mal wieder hatte ich den Eindruck, daß sie ein bißchen entfernt auf mich wartete. Als ich das Haus verließ und die Straße überqueren wollte, kam sie mit ihrem roten Wagen angeschossen, als wollte sie mich überfahren. Oder

sie stieg mit ihren Kindern gerade dann in ihren Wagen, wenn ich zur Stunde kam; und das mehrere Male hintereinander. Ich litt sehr unter diesen Begegnungen. Ich konnte nicht glauben, daß alles nur Einbildung sein sollte, daß es nur die Wunden der Kindheit waren, die wieder aufbrachen, und ich Zufälle als böswillig gegen mich gerichtete Inszenierungen erlebte.

Ich hatte sogar herausgefunden, aus welcher Stadt er stammte. Und eines Tages unternahm ich eine «Pilgerreise» zum Haus seiner Eltern. Andächtig betrachtete ich den Ort, an dem seine Wiege gestanden, den Hof, in dem er gespielt, den Kiosk, an dem er seine Zeitungen gekauft hatte. Wenn ich heute daran zurückdenke, schäme ich mich. Ich war damals so besessen, so außer mir vor Leidenschaft, daß ich nicht einmal mehr merkte, wie ich bestimmte Grenzen überschritt und mein Verhalten allmählich aufdringlich wurde.
In den Sitzungen habe ich ihm von meinen Nachforschungen und meinen Serenaden erzählt. Er sagte nichts. Vielleicht fühlte er sich geschmeichelt. Diese Hingabe, diese danteske Stimmung, diese alles verzehrende Leidenschaft zwischen Paolo und Francesca. *«Amor ch'a null'amato amar perdona»,* Liebe, die keinem Geliebten erspart, wiederzulieben.
Unser «Galeotto» war die Psychoanalyse, aber ich allein war verdammt, im fünften Kreis der Hölle umherzuirren. Allein, ohne den Trost des Liebsten, dem Komplizen meines Verbrechens. Meines Verbrechens. Während der ersten zwei Jahre meiner Analyse habe ich fast ausschließlich Dante gelesen. Ich habe lange Passagen auswendig gelernt. Ich fühlte mich den Personen darin nahe und konnte ihre Gefühle nachempfinden.

Das Privatleben meines zweiten Psychoanalytikers hat mich überhaupt nicht interessiert. Es war mir egal, ob er Frau und Kinder hatte; ich wollte mich nicht wieder belasten.
Anfangs vermied ich, ihm in die Augen zu sehen, wenn ich mit ihm sprach. Ich wollte nicht wissen, was für einen Gesichtsausdruck er hat, wie er aussieht, welche Kleidung er trug. Ich schaute am liebsten zum Fenster hinaus, wenn ich mit ihm sprach; betrachtete den Himmel, die vorbeiziehenden Wolken, die Tauben, die sich auf das Geländer seiner Terrasse setzten, schaute dem Regen zu. Ich wollte vor allem gesund werden.

VI

Ich habe mich in die Bretagne auf die «Wikingerburg» zurückgezogen, um zu schreiben. Unter die alte Strandkiefer, an denselben Strand, an dem ich nach dem Verschwinden meines Analytiker-Geliebten einige Jahre zuvor drei Wochen verbracht hatte. An den Ort, an dem ich verängstigt und unsicher wieder die Lust am Leben, den Wunsch, wieder glücklich zu werden, in mir entdeckt hatte. Damals hatten mich Freunde zu sich eingeladen. Ich habe lange gezögert, die Einladung anzunehmen. Sie bot mir nicht etwa die verlockende Gelegenheit, mich zu zerstreuen, ein paar Urlaubstage zu genießen; für mich war das nichts anderes als eine Herausforderung. Mir war klar, daß ich gegen das unwiderstehliche Bedürfnis ankämpfen mußte, lange Tage im Bett zu verbringen. Gegen das dauernde Bedürfnis nach Ruhe und Bewegungslosigkeit, gegen die Hoffnung, ich könnte meinen Schmerz im Schlaf versenken und vergessen, eine vergebliche Hoffnung, denn schlaflose, angsterfüllte Nächte, die kein Ende nahmen, waren die Folge. Gegen die fixe Idee, ich müßte mich schonen und ganz und gar untätig sein, um überhaupt weiterleben, ja überleben zu können.

Natürlich habe ich meinen Freunden den wahren Grund meines Zögerns nicht eingestanden. Sie waren in dem Glauben, ich erholte mich gerade von einer schweren Viruskrankheit, was im übrigen auch stimmte. Ich habe alles mögliche unternommen, um sicher zu gehen, mit dem Auto hin- und zurückgebracht zu werden, auf der Hinfahrt von meinen Gastgebern, auf der Rückfahrt von anderen Freunden. Damals war gar nicht daran zu denken, daß ich allein den Zug oder das Flugzeug nähme.

Meine Freunde besitzen eine Wohnung im vierten Stock, eine große Terrasse überragt nur wenige Meter vom Meer entfernt den Strand. Eine riesige, sehr alte Strandkiefer streckt ihre Äste über diese Terrasse und spielt mit Licht und Schatten.
Am liebsten setzte oder legte ich mich in eine schattige Ecke und verbrachte die Stunden unter diesem Baum, in seinem Schutz, im Schutz der Jahrhunderte, aus denen er fest und unbeweglich über mich ragte. Ich schaute gern aufs Meer hinaus, sah zu, wie es sich weit, sehr weit zurückzog, dann wieder anrollte, seine Farbe und Gestalt wechselte, bald glatt und unbewegt dalag, bald sich kräuselte und in Bewegung geriet. Ich beobachtete, wie es mit den Kindern spielte, die voller Vertrauen und nach Herzenslust im Wasser herumplantschten, wie es am Abend die Möwen zum Nachtessen empfing und die Schiffe zurück in den Hafen geleitete.

Mit der Zeit war mir dieses Meer vertraut geworden. Und schließlich entstand in mir der Wunsch, mich ihm zu nähern; das Wagnis eingehen, den Strand zu überqueren, der uns trennte.
Ich kannte seine Launen gut, sein strahlendes Azur, die Tage, an denen der Südwind schönes Wetter bringt; die Luft durchsichtig wie in Griechenland und Italien. Manchmal ähnelt es tropischen Gewässern, wenn von der Sonne erhitzter Dunst schwer auf der unbeweglichen Wasseroberfläche lastet, die grau wie geschmolzenes Blei ist.

Ich mag die Tropen nicht. Ich hatte mir immer vorgestellt, daß die Tropen der Inbegriff von Schönheit und Leben seien. Doch während meines einjährigen Aufenthalts in Puerto Rico habe ich die Üppigkeit der Tropen anders kennenge-

lernt, aggressiv und trügerisch. Schön und aufdringlich. So außergewöhnlich die Schönheit, so einzigartig sind die Gefahren, die sich hinter ihr verbergen. Getarnt und verkleidet lauern sie überall.
Man muß sich vorsehen und schnell die Spielregeln lernen, um nicht von tödlichen Fallen überrascht zu werden. Ein wunderbarer weißer Sandstrand und – das Reich der Haie und Barrakudas, die über die Maßen angriffslustig und gefräßig sind. Ich habe selbst einen Hai gesehen, der vom Meer her zwischen erschrockenen Badenden dem Strand immer näher kam, bis er auf dem Sand strandete und unter heftigen Zuckungen starb.

Die Eingeborenen baden übrigens nicht. Sie machen es sich abseits auf dem Strand bequem und schauen den anderen zu oder masturbieren. Sie kommen bereits am Vormittag, setzen sich im Schneidersitz auf den Boden und suchen sich eine Frau aus, auf die sie Tag für Tag getreulich warten. Die Polizei reitet gleichgültig vorbei.

Es gibt dort riesige Quallen, malvenfarben in ihren schönen Roben, durchsichtig und gekräuselt. Mit ihren langen Filigranarmen fassen sie ihre Beute, schlingen sich um sie, fesseln sie und versetzen ihr elektrische Schläge.
Hat man sich schließlich glücklich aus ihrer tödlichen Umarmung befreit, bleiben noch tagelang rote Flecken zurück, Spuren einer Flagellation, die äußerst schmerzhaft sind. Dann die Bilharzia in den Süßwasserseen, die Amöben und die ungeheuer großen Schaben, die durch die Luft schwirren und sich in den Haaren verfangen. Oder die Kokusnüsse in den Palmenhainen, die die kleinen einsamen Buchten mit ihren unterseeischen Korallenschlössern umsäumen. Und

die Flamingos, versteckt in geheimnisvollen Buchten, helles Bordeauxrot, geschwungen wie Girlanden, Arabesken, spiralförmig aufsteigend, eingestreute schwarzglänzende Perlen, wachsame Augenpaare.
Das Azur des Himmels und des Meeres unbegrenzt, ihre Grenzen ineinanderfließend, hier und da rötliche Wolken. Wie die Farben eines Aquarells, die nicht die Zeit hatten zu trocknen, bevor die nächste aufgetragen wurde.
Auf den Bäumen leben die Kukis, kleine durchsichtige Kröten, die Zimbel im Orchester der Tropennacht. Ihr zartes, sehnsüchtiges «ku-ki, ku-ki» ist im ununterbrochenen Fortissimo der anderen Instrumente nicht zu überhören, «ku-ki, ku-ki». Ein Glockenspiel, irres Gurren in all dem Gepfeife, Gekrächze, Gequake, diesem Schnalzen, Schnattern und Bellen, nicht von Hunden etwa, sondern von Vögeln, diese ganze nächtliche Kakophonie der Tropen. Irgendwo wacht das jähzornige Auge des Zyklon, der auf wohlklingende weibliche Namen hört und stets auf dem Sprung ist, auszubrechen, vorwärtszustürmen und seine tödlichen Furchen in die Landschaft zu ziehen. Die Blumen sind wie aus Kunststoff oder sehen jedenfalls so aus, sind zu steif oder zu weich, duften nicht oder strömen ekelerregende Gerüche aus, Fäulnisgestank und Todesodem. Ich hatte immer Heimweh nach unseren einfachen Blumen, den Rosen, Veilchen und dem Flieder, deren Duft sich nicht aufdrängt, der träumen läßt.

An diesem Strand in der Bretagne finde ich in den Tagen glühender Hitze die Stimmung der Karibik wieder, aber ohne diesen Beigeschmack aus Langeweile, Ekel und Tod, eine gereinigte Erinnerung, kristallklare Schönheit.
Ich erinnere mich auch an unsere Blume der Tropen, die Lotusblüte.

Ja, ich denke oft an ihn, meinen Analytiker-Geliebten. Ich hoffe ihn eines Tages, wiederzufinden, bald.

Von meinem Beobachtungsposten auf der Terrasse, im Schatten der Strandkiefer, schaue ich aufs Meer hinaus, beobachte, wie es sich verändert, sich in immer neuer Gestalt darbietet. Die Tage fließen dahin, und es drängt mich immer mehr, mit dem Meer in Berührung zu kommen, einzutauchen, zu schwimmen.
Das letzte Mal bin ich im Mittelmeer geschwommen. Schwimmen hat mir noch nie Angst gemacht; es ist eine ganz und gar natürliche Bewegung, die mich nie ermüdet hat.

Ich mag das Mittelmeer nicht mehr, es erinnert mich an ihn. Hier in der Bretagne ist die Stimmung anders. Die Leute kleiden sich nüchterner. Die Luft ist nicht getränkt von ständiger Verführung, geschlechtlichem Verlangen. Die Verliebten küssen sich nicht überall, unter duftendem Jasmin oder im Schatten der Orangenbäume, liegen nicht eng umschlungen bei Vollmond auf heißem Sand. Freilich fühlte ich mich dort auf wunderbare Weise «femina», wie nirgends sonst begehrt. Die Augen der Männer streicheln über meinen Körper; Augen, die andere kreuzen, niemals gleichgültig bleiben, Augen, die sich in Augen versenken, sich wie unter Bedauern wieder zurückziehen. Paarung im glühenden Augenblick.

Einige Monate nach dem Ende meiner «Analyse» ,in den Augustferien, saß ich mit einem Buch in einem Café. Ich hatte das Buch geöffnet, las aber nicht. Es war sehr heiß und während der Unstunden nach dem Mittagessen, den heißesten Stunden des Tages, in denen man sich bei geschlossener Jalousie ins Halbdunkel der Häuser zurückzieht, den Stunden der Siesta, den Stunden der Liebe. Ferne Gefühle aus dem Fruchtwasser brachen in dieser feuchtheißen Luft wieder auf, fluteten in Wellen. Ohne Schlaf und ihm doch nah. Träumen oder selbst Traum sein. Wollustiges Dahindämmern, Reichtum des Halbbewußtseins, erotische Phantasiegestalten. Bis fünf Uhr, wenn der Ponentino, der Nordwind, zu wehen beginnt, das Meer sich kräuselt, Frische und Bewegung mit sich bringt und alle Phantasiegebilde verscheucht. Man bekommt wieder Lust, aus dem Haus zu gehen und durch die Straßen zu schlendern.

Ich sitze an meinem Tisch und denke an meinen Psychoanalytiker. Im Schattenschlag der Tür taucht eine bekannte Gestalt auf. Unmöglich. Ich will meinen Augen nicht trauen. Das Schimärenspiel der Mittagshitze täuscht mich.
Um zwei Uhr nachmittags, eine ganz und gar ungewöhnliche Zeit für ein Rendez-vous. Das kann nur Zufall, Schicksal sein...
Die Gestalt löst sich aus dem Schatten. Er ist es. Trugbild. Wunder. Traumgestalt. Er nimmt mich in seine Arme, küßt mich. Ich bin glücklich. Endlich ist er da. Ich wünsche mir, daß er bleibt. Ich will, daß er nie wieder fortgeht, nie wieder. Auf einmal habe ich Teil am Glück der anderen. Die sinnliche Stimmung, die überall in der Luft liegt, umfängt mich. Er hält meine Hand, unsere beiden Hände auf seinem Schenkel. Er trägt eine enge weiße Hose, wie die anderen Männer hier. Er ist schön wie sie. Er bleibt vielleicht. Mir scheint alles möglich und unmöglich zugleich.

Perpetuum mobile. Ich esse ein Stück Erdbeerkuchen, er auch. Wir unterhalten uns oberflächlich wie die anderen.

Wir tauschen Banalitäten aus: die Hitze, das schöne Wetter. Auge in Auge. Aber es gibt etwas, das uns belastet, und davon können wir uns nicht befreien. Ich verlange die Rechnung. Er lädt mich nur zu dem Stück Erdbeerkuchen ein. Den Zitronensaft, den ich getrunken habe, bevor er kam, muß ich selbst bezahlen. Ich wundere mich, bin ein bißchen verletzt; auch der Kellner wundert sich. Er begleitet mich zum Hotel zurück. Ich traue mich nicht, ihn zu bitten, dazubleiben. Ich schweige. Ich warte. Nie zuvor in meinem Leben bin ich mir so unbeholfen und unfähig, so verkrampft vorgekommen. Aber in meinem Innern überschlagen sich die Worte. Worte der Liebe, des Begehrens, der Hoffnung, des Zweifels. Worte, Fragen – aber ich sage nichts. Ich habe alle Natürlichkeit verloren, alle Spontaneität. Und er, der an den Charme und das Savoir-faire der Frauen des Südens gewöhnt ist, er, den ich glaubte, einst besessen zu haben, steht einem hilflosen Wesen gegenüber, einer Frau, die nicht mehr schön ist, nicht begehrenswert und verführerisch, einer Frau, deren Gesellschaft nicht mehr anziehend ist. Einem verlorenen Kind.

Wie Anna Karenina am Ende ihres Lebens. Dieses allmähliche Erlöschen einer Frau, die kein Mann mehr lieben kann, einer Frau, die zur Last geworden ist, zur Kette, die man nur noch zerbrechen will. Als ihr inneres Zwiegespräch Monolog wird und sich immer an die eine Person richtet, an den Geliebten, der in Wirklichkeit unerreichbar geworden ist, den sie nicht mehr anziehen, dessen Herz sie nicht mehr bewegen kann. Sie rennt hinter ihm her, um ihn zu halten, und treibt ihn immer mehr in die Flucht. Sich darüber klar sein, dies alles wissen, den Teufelskreis sehen, in dem man sich wie in einem Laufrad bewegt, immer schneller, immer schneller laufen muß, und dennoch unfähig sein, das Rad anzuhalten.

In diesen langen Jahren der Zersetzung meiner Persönlichkeit habe ich oft an Anna Karenina gedacht. Als ich ein junges Mädchen war, war Anna Karenina meine Heldin. Aber ich habe mich nur mit der selbstsicheren Frau in der Blüte ihrer Schönheit identifiziert, als sie den Mann ihres Lebens oder vielmehr ihres Todes kennenlernte. Ich hätte mir nie träumen lassen, daß ich einmal denselben Weg beschreiten würde.
Als junges Mädchen habe ich mir ihr Gesicht, ihren Körper ausgeliehen, jetzt sehe ich ihr tatsächlich ähnlich. Mit demselben verstörten, gequälten Blick suche ich im Spiegel mein Gesicht nach den Spuren einer verrückten Leidenschaft ab, nach dem täglich fortschreitenden Verfall, dem schnellen Verwelken einer einst blendenden Schönheit. Den anderen bestrafen, sich selbst bestrafen – verschwinden – befreit vom anderen sein – befreit von sich selbst. Ich konnte den Wagen, der sie mit schwarzer Wucht erdrückte, gerade noch mit letzter Kraft zurückstoßen.

Ich habe keinen Vronskij gesucht. Ich habe einen Psychoanalytiker gewählt. Wenn ich mich für die Liebe hätte entscheiden können, hätte ich mir lieber Levin ausgesucht.
Liebe und blinde Leidenschaft haben Anna Karenina zur Wahl der narzißtischen Persönlichkeit Vronskijs getrieben.
Mich hat die Psychoanalyse dazu getrieben, bei meinem Psychoanalytiker den Kopf zu verlieren. Ich denke nicht, daß ich mich in meinen Psychoanalytiker verliebt hätte, wenn ich ihn unter anderen Umständen kennengelernt hätte.

Gewiß, ich habe mir auch den ersten Vronskij meines Lebens, meinen Vater, nicht ausgesucht: Schön, unbeschwert, elegant und oberflächlich. Auch er liebte Pferde, wie Vronskij, und er war ein guter Reiter. Mein Vater hatte nie verstanden, daß er die Liebe seiner Tochter nicht auf die gleiche Weise gewinnen konnte, wie er es bei anderen Frauen gewöhnt war. Er war sich nicht bewußt, daß er zuerst mich, seine Tochter, hätte lieben müssen, daß er ihr seine Liebe hätte zeigen müssen, damit sie ihn auch lieben könnte, ihn – und später andere Männer. Er war überzeugt und beklagte sich darüber, daß ich ihn nicht liebte. Er hat mich nicht lieben gelehrt, mich mit der Liebe und ihren Gesetzen und Rechten, Möglichkeiten und Grenzen nicht vertraut gemacht. Ich habe darunter gelitten und fühlte mich wie eine Fremde in einem verbotenen Königreich.
Wie Anna Karenina bin ich keinem Mann begegnet, mit dem ich hätte leben und glücklich sein können. Wie sie habe ich Leid mit Männern erlebt, Scheitern.

Zum Beispiel Bertrand. Als mir klar wurde, daß ich mit ihm in eine Sackgasse geraten war, wünschte ich mir zu Recht, daß mein Analytiker mir helfen würde, einen Ausweg zu finden. Wir sind einen ganz anderen Weg gegangen. Als wir den analytischen Raum verlassen haben, stieß er mich in die Wildnis, auf das Geisterschiff, auf das Meer hinaus, weit entfernt vom sicheren Hafen, steuerlos und ohne Anker. Er hat mich der großen Mutter zurückgegeben.

Seit meiner Geburt habe ich im Haus meiner Großeltern mütterlicherseits gelebt. Mein Großvater war großartig. Für das kleine Mädchen, das ich war, war er ein alter Herr, in Wirklichkeit aber war er erst 54 Jahre alt, als ich geboren wurde. An meine Großmutter kann ich mich kaum erinnern. Sie war leidend. Ich sehe sie in ihrem Bett oder auf einer Chaiselongue in ihrem Schlafzimmer liegen. Sie starb, als ich erst vier war. Ich habe einen Arm voll Pfingstrosen auf ihr Grab gelegt. Noch heute muß ich beim Duft dieser Blumen unwillkürlich an diese geheimnisvolle und beunruhigende Begegnung denken.

Ich habe das große Haus meines Großvaters geliebt; ich liebte den Garten, der mir damals riesengroß erschien, mit seinen Laub- und Obstbäumen, mit seinen vielen Blumen, überwiegend Pfingstrosen, herrlichen Rhododendren und Azaleen, deren Duft während der Blütezeit in alle Räume des Hauses zog.
Ich liebte den leicht modrigen Geruch des Speichers mit seinen Truhen, auf deren Deckeln Jahreszahlen aus Eisen aufgenagelt waren. 1749, 1822, fern und unwirklich, aus einer Zeit, die außer in Büchern nie wirklich existiert hat. Vor meiner Geburt hatte es die Welt nicht gegeben. Nachmittage habe ich damit verbracht, überall herumzukramen, mich zu verkleiden, Schätze aus anderer Zeit zu entdecken, Kleider, vergilbte Photographien, unlesbare Briefe, deren Tusche die Zeit verwischt hatte, malte mir das Leben dieser unbekannten Wesen aus, die verschwunden, vielleicht tot waren, entdeckte die Spuren ihres Lebens im Dunkel der alten Balken unter dem roten Ziegeldach.

Mit meinem Großvater machte ich lange Spaziergänge im Wald in der Nähe des Hauses. Er erklärte mir alles, was er über Tiere, Insekten und Pflanzen wußte. Oft schnitzte er mir mit seinem Taschenmesser schöne Stöcke mit Verzierungen. Sonntags gingen wir zur Messe. Er war katholisch.

Er hatte sich gewünscht, daß ich katholisch werde. Ich hatte diese Sonntagvormittage in der Messe gern. Ich bewunderte die hübschen Priestersoutanen, die langen weißen Gewänder der Chorknaben. Ich liebte den Duft des Weihrauchs. Das Schauspiel der Religion gefällt mir.

Heute ist mir, als hätte ich meinen Großvater nicht genügend Liebe entgegengebracht. Ich dachte zu sehr an meinen Vater, ich habe mir gewünscht, ihn bei mir zu haben, statt meines Großvaters, der immer bei mir war. Auf den Photos sieht er liebevoll und gütig aus; er hat mich auf dem Arm oder auf seinen Knien, oder ich sitze neben ihm. Wir schauen zusammen Bilderbücher an, und ich höre seinen Erklärungen aufmerksam zu. Als tiefgläubiger Mensch ist er jetzt sicher im Himmel. Meine Dankesworte erreichen ihn vielleicht. Vielleicht war ich gar nicht so gleichgültig, vielleicht bilde ich mir das nur ein, denn alles, was mit meinem Vater zu tun hat, erklingt in mir in schrillen Tönen, fortissimo. Vielleicht, und das wünsche ich mir von Herzen, hat mein Großvater nie geahnt, wie leidenschaftlich meine Liebe zu meinem abwesenden Vater war.
Ich verdanke meinem Großvater sehr viel.

Das Meer der Bretagne – lebensspendend. Meine kurzen Spaziergänge auf der Uferpromenade werden von Tag zu Tag länger. Zuerst ein Haus, dann drei, vier, dann zehn. Und eines Tages wage ich zu baden, nicht sehr lange, und kehre anschließend sofort ins Haus zurück. Ich habe Angst mit den vielen Leuten am Strand zu bleiben. Außerdem brennt die Sonne und macht mir Angst. Ich flüchte mich auf die Terrasse unter die Äste des alten Baumes. Langsam erobere ich mir meine Fähigkeit zurück, Lust und Glück zu empfinden.

Lust und Glück, die ich schon fast vergessen hatte, vor denen ich Angst gehabt habe; Lust und Glück, sie existieren trotz alledem, für mich, auch für mich. Sie sind nicht mehr auf fatale Weise ausschließlich mit meinem Analytiker-Geliebten verbunden. Odysseus ist weit und die Insel der Sirenen.

Beruhigend ist das Meer der Bretagne. Entspannend. Ein Fischerboot kehrt in den kleinen Hafen zurück, umgeben von Möwen, die wie kleine Fähnchen im Abendwind flattern. Geliebtes Meer der Bretagne. Ihm verdanke ich meine Genesung. Vor allem verdanke ich sie meinem zweiten Psychoanalytiker. Er hat die Mongolfiere, in der ich gefangen war, auf die Erde zurückgeholt. Ich habe wieder gelernt, mich nicht mehr in der Wirklichkeit zu verlieren, mich nicht mehr von ihr angegriffen zu fühlen. Ich mußte wieder einfache und so banale Dinge lernen, wie den Boulevard Montparnasse allein zu überqueren, ein Taxi zu nehmen – Mutproben und Beweise meiner Unabhängigkeit. Unwiderstehlich hat mich bei meinem ersten Versuch auf der Straße panische Angst ergriffen, überall Autos, die von allen Seiten auf mich zurasten. Ich wußte nicht mehr wohin, war ein gefangenes Reh, das sich mit der Kraft der Verzweiflung gegen den Zaun wirft, der es von der Freiheit trennt. Quietschende Bremsen, Fluchen. Ich weiß nicht, warum ich nicht die Zebrastreifen benutzt habe.

Es ist Nacht. Ich schreibe bei Lampenschein weiter. Das Meer hat sich zurückgezogen, hat mich allein in einer grenzenlosen Einöde zurückgelassen. Die beiden Leuchttürme sind noch da, der eine an der Hafeneinfahrt, der andere an der Fahrtrinne etwas weiter draußen im Meer. Ich setze mich so an das Fenster, daß ich das beruhigend grünblinkende Auge des einen Leuchtturms sehe. Aber auch der andere sendet sein Signal in die Nacht, ein diffuses Licht, das den Himmel bedrohlich rot färbt. Grüner Vater. Rote Mutter.

Rote Mutter. Die Versuchung des Todes taucht wieder in mir auf, wie eine Flamme, heiß. Es ist nicht etwa der Wunsch zu sterben. Es ist, als wollte der Tod mich haben. Der Tod, der mich wie die Töchter des Erlkönigs mit seinem Lied ruft. Der Magen verkrampft sich. Mir ist, als wäre ich eines dieser alten Spielzeuge, die man mit einem Schlüssel aufziehen muß, damit sie funktionieren. Die Feder spannt sich immer mehr, eine Spannung, die meinen ganzen Körper packt, Herz, Lungen und Hals ergreift. Mein Mund wird trocken, in meinen Augen Sand.
Etwas in mir treibt mich zur Flucht, will blindlings mit mir fliehen, mich retten, bevor die Feder die zunehmende Spannung nicht mehr aushält und springt. Diese Folter vorantreiben, um ihr zu entgehen, ihr Ende zu beschleunigen. Mein Ende. Strafe. Bestrafung; vielleicht weil ich gesündigt habe. Weil ich verbotenes Glück berührt habe, was ich nicht berühren sollte. Die Lust der Lüste. Weil ich wie das Marienkind in Grimms Märchen die verbotene Tür geöffnet habe. Für alle sichtbar ist das Gold an meinen Händen kleben geblieben. Oder bin ich eine Blume des Bösen, geboren, Böses zu tun; Bienenkönigin, Gottesanbeterin, Loreley.
«Ich weiß nicht, was soll es bedeuten...»
Scylla oder der Skorpion, der Phaeton so erschreckt hat, daß er die Kontrolle über Pferd und Wagen seines Vaters verloren hat? Die Pferde, deren Namen er nicht kannte, nicht mehr zurückhalten konnte. Andere ins Unglück stürzen, sie zugrunde richten, und mich mit ihnen. Hybris, Verbrechen der Maßlosigkeit.

VII

Ich habe mich oft gefragt, ob mein Analytiker-Geliebter von Anfang an die Absicht hatte, mich zu verführen. Ich glaube nicht. Als wir bereits Geliebte waren, hat er oft zu mir gesagt: *«Ihre Worte sind mir wertvoller als alles übrige!»* Vielleicht hat sein Don-Juan-Bewußtsein einen Knacks bekommen, weil ich damals mit dem Termin nicht einverstanden war, den er mir während unserer ersten Unterredung für die Analyse vorgeschlagen hatte. Er hatte etwas von jener mediterranen Überschwenglichkeit südländischer Männer, die unter «normalen» Umständen ganz wohltuend sein kann. Vielleicht tat ihm jenes kleine Mädchen in mir leid, das dem Mädchen mit den Schwefelhölzern aus Andersens Märchen ähnelte. Vielleicht ist er sich auch nicht rechtzeitig darüber klar geworden, daß er dabei war, ein Liebeselixier zu mischen, das nach und nach unmerklich die Zusammensetzung des empfindlichen Geflechts veränderte, das Psychoanalytiker und Analysanden wie ein unsichtbarer Mutterkuchen über Worte und Sprache hinaus verbindet. Wie ein Mutterkuchen, die erste Nahrung, die daher schon verdorben war, noch ehe er mit mir geschlafen hatte, er, mein Analytiker, mein Geliebter, mein Verführer, Verführer eines Kindes. Und so hatte sich diese Beziehung vollkommener Ungleichheit, in der der eine allmächtig war, der andere vollkommen abhängig, in eine Zweierbeziehung verwandelt, in der ich unmöglich Partnerin, sondern Sklavin war.

Meine Mutter und mein Vater haben sich getrennt, als ich ein Jahr alt war. Ich hatte gerade laufen gelernt. Als mein Vater durch den Garten ging, um für immer fortzugehen, rannte ich ihm nach. Um ihn zurückzuhalten, um ihm zu folgen; ich fiel hin und brach mir das Schlüsselbein.

Mein Vater hatte eine andere Frau geheiratet, die häßlich und böse war wie Schneewittchens Stiefmutter. Und wie Schneewittchens Vater war auch meiner immer abwesend. Ich sah ihn vielleicht ein oder zwei Mal im Jahr. Aber ich erinnere mich, daß diese Rabenmutter ihn ganz in der Hand hatte. Mein Vater sagte nie etwas. Ich konnte mich nie bei ihm ausweinen, weil wir nie allein waren, auch nicht einen Augenblick lang. Sie war stets gegenwärtig, allgegenwärtig. Anläßlich einer meiner seltenen Besuche, ich war achtzehn geworden, wollte mir mein Vater ein Kleid schenken, das ich mir selbst aussuchen durfte. Ich war darüber sehr glücklich. Seit langem schon, seit ich abends ausgehen durfte, wünschte ich mir ein Kleid von meinem Vater. Endlich. Ich fand eines, das ich besonders schön fand und ging entzückt und stolz damit nach Hause, um es ihm zu zeigen. Meiner Stiefmutter war es zu teuer, und sie bestand darauf, daß ich es zurückbrachte.
Ich traute mich nicht, zu widersprechen. Ich schaute meinen Vater flehend an – aber er sagte kein Wort zu meinem Schutz, er unternahm nichts, um seine Frau daran zu hindern, mich zu demütigen. Er schwieg und sah an mir vorbei. Also habe ich das Kleid zurückgebracht und war sehr traurig. Ich habe nichts gesagt. Als ich allein war, habe ich geweint.

Dabei habe ich alles versucht, um seine Liebe zu gewinnen. Ich habe ihm gegeben, was ich konnte. Ich arbeitete, um ihm möglichst gute Noten vorzeigen zu können, zunächst auf der Schule, dann an der Universität. Immer mit dem geheimen Gedanken, daß er mich bei der nächsten gute Note, beim nächsten bestandenen Examen vielleicht doch noch akzeptieren und lieben würde. Ich habe versucht, schön für ihn zu sein und Männer zu verführen, die ihm gefallen könnten, durch die er mich hätte bewundern und schätzen lernen können. Ihn interessierte Geld und eine bedeutende gesellschaftliche Stellung. Manchmal, bei den seltenen Gelegenheiten, zu denen er mich zum Essen bei sich eingeladen hatte, sprach er mit Verachtung von Leuten, die kein Geld haben, und er zählte mich dazu.

Eines Tages wurde ich zum Notar bestellt. Ich nahm an, mein Vater wollte schon zu seinen Lebzeiten seine Vermögensverhältnisse regeln. Ich habe nicht im geringsten daran gezweifelt, daß er es zu meinen Gunsten täte, denn er hatte oft darüber gesprochen. Als ich ihm aber in der Praxis des Notars gegenüber saß, habe ich sofort meinen Irrtum erkannt. Ich war vorgeladen worden, um eine Verzichtsurkunde zugunsten meiner Stiefmutter zu unterschreiben. Sie wollte die Alleinerbin meines Vaters sein. Ich habe die Unterschrift verweigert. Meine Stiefmutter bekam einen Nervenzusammenbruch. *«Schau sie Dir an, Deine Tochter, sie ist schuld, wenn ich jetzt nicht mehr schlafen kann. Du mußt sie dazu zwingen, zu unterschreiben.»* Ihre Stimme war hoch, schrill, haßerfüllt. *«Nein, ich unterschreibe auf keinen Fall.»*
Und bevor ich die Praxis verließ, fügte ich hinzu: *«Ein gutes Gewissen ist ein sanftes Ruhekissen.»* Doch dann breche ich in Tränen aus, renne die Treppen hinunter. Ich habe nur einen Wunsch: Mich vor ein Auto zu werfen, sein schweres Gewicht gegen mich zu spüren, dieses ganz besondere, einzigartige Geräusch hören, diesen dumpfen, erstickten

Laut, den der Zusammenprall von Metall auf einen lebendigen Körpers verursacht. Und das ohnmächtige Kreischen blockierter Räder auf dem Asphalt. Bremsen quietschen, Autos um mich herum halten an. Und ich bin noch da, lebe, mit meiner Wut, meiner demütigenden Verzweiflung.

Plötzlich vor mir das Bild meines Analytikers, eine Erscheinung, umgeben von Licht und Frieden.
Meine Gedanken verlassen die graue schmutzige Straße, als wäre er selbst gekommen, um mich an die Hand zu nehmen, mich aus der Gefahr zu führen, weit weg von tödlichen Versuchungen. Und ich folge ihm. Meine Erregung verschwindet langsam, ich kann wieder vernünftig denken. Mir wird klar, daß ich ihre Ungerechtigkeit mit meinem Körper bezahlen wollte.
Ich fasse den Entschluß, sofort einen Rechtsanwalt aufzusuchen, dessen Praxis gegenüber der des Notars liegt. Ich beauftrage ihn, meine Rechte zu wahren. Ich bin mir sicher, daß diese Vision, das innere Bild meines Psychoanalytikers mir in diesem Moment das Leben gerettet hat. Ohne ihn, ohne die monatelange Analyse bei ihm wäre ich nicht fähig gewesen, mich ohne fremde Hilfe zu beruhigen, mich selbst an die Hand zu nehmen und den Mut aufzubringen, gegen meinen Vater und seine Frau Klage zu erheben.

In der Sitzung nach dem Besuch beim Notar habe ich meinem Psychoanalytiker von der Begegnung erzählt, die mich derart gefährlich aus der Fassung gebracht hatte. Er war betroffen und hatte wegen dieser offensichtlichen Ungerechtigkeit womöglich Mitleid mit mir. Vielleicht hat er sich einen Augenblick lang für den Märchenprinzen, der Schneewittchen in ihrem Glassarg wachküßt, gehalten, denn er sagte zu mir:

«Aber Sie sind doch nicht allein. Wir sind ein Paar.»
Es ist schwer zu beschreiben, wie ich mich nach diesen Worten fühlte. Ich war nicht mehr allein. Ich fühlte mich geliebt, endlich, beschützt und anerkannt. Ein Gefühl beglückender Wärme durchströmte meinen Körper, die Spannung ließ nach.
Ich hatte das Gefühl, nach einer langen Anstrengung endlich das Ziel erreicht zu haben. Nach all den Heldentaten endlich der Kuß des Märchenprinzen. Bei dem Notar habe ich zum letzten Mal mit meinem Vater gesprochen.

Ich habe ihn noch einmal zufällig gesehen. Freunde aus Spanien hatten mich für ein Wochenende in ein Hotel nach Badenweiler im Schwarzwald engeladen. Wir gingen spazieren. Auf einmal sehe ich meinen Vater und meine Stiefmutter vor uns auftauchen. Der Weg war ziemlich schmal. Wir mußten dicht aneinander vorbeigehen. Ich gehe einige Schritte zurück und verstecke mich hinter meinen Freunden, die weitergehen. Mein Vater, den Blick starr in die Ferne gerichtet, streift mich fast. Der Blick meiner Stiefmutter wachsam und streng. So sind sie an mir vorbeigegangen; ich hätte sie mit den Händen berühren können.

Einige Tage später ruft mich meine Stiefmutter an, sie ist in Tränen aufgelöst. Mein Vater ist an einer Lungenentzündung gestorben. Seine letzten Worte galten mir. *«Sie wird kommen, jetzt wird sie kommen.»* Ich habe nie verstanden, warum mir meine Stiefmutter das anvertraut hat; später hat sie alles bestritten.

Aus Zuneigung und Zärtlichkeit, auch aus Galanterie sagte mir mein Analytiker ab und zu Dinge, die ich gern hörte und

die mir wohltaten. Es ist merkwürdig, einmal mehr wird beim Schreiben die Vergangenheit lebendig, der Geschmack der Madelaines.
«Wissen Sie», sagt er mir eines Tages *«es passiert von Zeit zu Zeit, daß ich an Sie denke, gestern abend zum Beispiel, während ich den Troubador gehört habe»*. Die Stimme hinter mir war warm und liebevoll. Freudestrahlend fahre ich nach Hause, ich höre mir Verdis Oper an. Ich höre sie jeden Tag und seitdem liebe ich die Arie Manricos:

> *«Amor, sublime amore*
> *In tale istante ti favelli al core*
> *Ah! Si ben mio coll'essere*
> *Io tuo, tu mia consorte*
> *Avrò più l'alma intrepida*
> *Il braccio avrò più forte…»*

Diese Arie war für mich wie eine Offenbarung. Eine Liebeserklärung – eine Liebeserklärung, die er, mein Analytiker, an mich gerichtet hat. Wir sprechen später in einer Stunde darüber, entgegen seinem Wunsch, und er gibt mir zu verstehen, daß er sich dabei auf mein Verhältnis zu meiner Mutter und zu meinem Halbbruder bezogen hat, eine Beziehung, das man mit der zwischen den beiden Söhne Azuchenas vergleichen könnte.
Ich wußte also nicht mehr, ob meine Phantasie oder sein Eingriff über das Ziel hinausgeschossen waren.
«Ja, es ist schwierig…» Und damit veränderte er den Satz, den ich gerade angefangen hatte: *«Was schön ist, ist schwierig.»* Und mir schien, als wollte er mir sagen, daß unsere Beziehung auch für ihn schwierig und voller Versuchungen war. Jedes seiner Worte, auf das ich mit dem ganzen Hunger

enttäuschter Liebe – der Liebe, die das kleine Mädchen für seinen fernen Vater hat – gewartet habe, hallte wie ein Echo in mir nach, wurde lauter, klang ab, wieder auf und ergriff schließlich von mir Besitz.
Ein anderes Mal beklagte ich mich, daß ich meiner selbst so wenig sicher sei: *«Wissen Sie, es ist merkwürdig, ich weiß, daß ich schön bin, ich weiß, daß ich intelligent bin, aber...»*
Er unterbricht mich: *«Sie brauchen sich nicht mehr anzupreisen. Ich habe Sie gekauft, Sie sind nicht mehr verkäuflich.»* Nach der Sitzung merkte ich, wie angespannt er war. Ich habe verstanden, daß er mit seinem Eingriff wahrscheinlich nicht zufrieden war. Einige Tage später kam ich darauf zurück und sagte ihm, wie glücklich ich sei, endlich jemandem zu gehören. Ein Zugehörigkeitsgefühl, das ich nie wirklich gekannt habe, obwohl ich es suchte, seit mein Vater mich verlassen hatte.
«Man kann niemand kaufen!» Und wieder nahm er seine Worte zurück. Ich war sehr enttäuscht, obwohl ich natürlich nicht im buchstäblichen Sinn seiner Worte geglaubt habe, «gekauft worden zu sein»; dennoch hat mich die Vorstellung, zwischen ihm und mir habe sich ein Band geknüpft, glücklich gemacht.
Ich habe geglaubt, endlich befreit zu sein von der Grundphantasie meines Lebens, diesem «Ostinato», das mich immer begleitet hat. Die Phantasie, zu Beginn meines Lebens noch verborgen und gedämpft, die nicht verhindern konnte, daß ich ein glückliches, begabtes, lebhaftes und neugieriges Kind wurde. Das heimliche Wissen, verborgen; manchmal ein vorübergehendes Erschaudern, vereinzelte Zweifel, Alptraum einiger Nächte. Verborgen weiterhin während der glücklichen Jahre auf der Schule und der Universität.
Sie brach auf, plötzlich und schmerzhaft, in dem Moment,

als ich die Beziehung zu Bertrand aufgenommen hatte, und breitete sich aus, zügellos, und vollbrachte sein zerstörerisches Werk.
Ich wußte in meinem Innersten, daß es für mich keinen Platz in diesem Leben gibt. Und deshalb war ich unfähig, ihn zu erobern, um ihn zu kämpfen und ihn zu behalten.

Ich werde das Niederschreiben hoffentlich überleben.
Gestern habe ich mir kochenden Tee über meine nackten Schenkel gekippt. Ich habe mir den Briefbeschwerer auf die Knie und den großen Larousse auf die nackten Füße fallen lassen. Ich wäre am Briefkasten beinahe ausgerutscht, zwei Wirbel haben sich verschoben, und ich gehe ganz krumm. Hexenschuß! Ich habe meine Noten fallen lassen. Als ich sie aufheben wollte, stoße ich mir den Kopf am Flügel, und jetzt sitze ich mit drei Eiswürfeln auf meinem Kopf vor meinem Heft.
Ich glaube, daß ich für heute Schluß mache.

VIII

Mein drittes Analysejahr begann. Während der vergangenen zwei Jahre hatte ich mich verändert. Ich war selbstsicherer und fühlte mich weniger schuldig wegen meiner Fehler und Schwächen. Aber die Leidenschaft für meinen Analytiker nahm mich immer mehr gefangen, und der Gegensatz zwischen der Maßlosigkeit meiner Gefühle und der außerhalb der Analyse nicht existierenden Beziehung zwischen uns haben meinen Zustand nur verschlimmert. Ständig lauerte ich auf einen Liebesbeweis, eine Geste der Zärtlichkeit. In dieser durch die Ungeduld des Wartens gesteigerten Stimmung tauchte das Thema des Briefes *«Lettera amorosa»* von Monteverdi, den ich in dieser Zeit entdeckt habe, auf; Worte, die mir von unserer geheimen uneingestandenen Liebe zu sprechen schienen.

Während der Ferien schrieb ich ihm lange Briefe und stellte mir seine Antworten und Reaktionen vor; und ich schämte mich gleichzeitig dieser Haltlosigkeit, die mir unter anderen Umständen, in einer realen Beziehung mit einem Mann ganz fremd gewesen wäre. Ich schämte mich, meinen Gefühlen und Wünschen ohne Hemmungen freien Lauf zu lassen. Ich kam mir taktlos und ungeschickt vor. Ohne Koketterie und Zurückhaltung bot ich mich ihm, meinem Psychoanalytiker, an.

Wie ein kleines Mädchen, das auf den Knien seines Vaters sitzt und sich vertrauensvoll an ihn schmiegt, war ich voll Hingabe. Ich dachte, ich könnte diesen Mann voll und ganz vertrauen, daß er mir nie weh tun würde. Aber damals war er nur und noch mein Analytiker.

Die Briefe, die ich ihm schrieb, hob ich alle auf, packte sie zusammen, und verschnürt mit einem imaginären rosa Schleifchen habe ich sie ihm geschickt:

«Ich bin auf dem Flughafen in Madrid. Mein Flugzeug nach Bilbao hat eine Stunde Verspätung. Ich habe angefangen ‹Lo Smeraldo› von Soldati zu lesen. Das Buch ist literarisch nicht besonders wertvoll, aber es ist witzig und spannend. An zwei magischen Worten bleiben meine Gedanken hängen: ‹mia moglie›, meine Frau. Zwei Worte, die mich traurig machen, weil ich dabei an Sie und Ihre Frau denken muß. Zwei Worte, die in mir den Wunsch nach Glück und Liebe wachrufen. Ein Reich, das mir vielleicht verschlossen bleiben wird. – Sie und Ihre Frau. – Als stünde ich macht- und schutzlos vor einer Festung, die vor mir schützen soll. Hinter dieser Festung, ein Haus mit einem wunderbaren Garten. Sie und Ihre Frau. Ein Garten mit Blumen und Früchten, dem Wechsel der Jahreszeiten – aber auch voller Dornen und dem bitteren Geschmack böser Früchte; die Stille der Nacht unterbrochen nur vom gleichmäßig tiefen Atem des anderen neben mir.

Ich schlafe wie eine Katze, nie sehr tief. Beim kleinsten Laut wache ich auf und spitze die Ohren. Sie haben mir gesagt, daß Sie manchmal an mich denken müssen. Ich versuche mir vorzustellen, auf welche Art Sie das tun. Denken Sie dabei an meinen Namen und mein Gesicht? An ein Bild? An den Klang meiner Stimme? Wenn ich an Sie denke, kommen mir Liebesworte in den Sinn, auf italienisch, französisch, spanisch, und meine Gedanken schwelgen ‹par l'ebrietà del grand tremore›. Als ich zu meinem ersten Gespräch mit Ihnen kam, schaute ich mich in ihrer Praxis um.

Ich wollte ein Gefühl für die Atmosphäre im Zimmer meines Psychoanalytikers bekommen. Sie sagten damals, ich wolle wissen, wie Sie sind. Ich stritt das ab. Jetzt würde ich gern alles über Sie wissen. Und ich weiß so wenig!»

Nie hätte ich mich in einer normalen Liebesbeziehung zu derartigen Übertreibungen hinreißen lassen. Noch heute ist mir die Erinnerung daran peinlich. Im allgemeinen war mein Problem nicht, daß ich zu sehr liebte, sondern eher zu wenig oder zumindest nicht konstruktiv genug, um eine dauerhafte Beziehung aufbauen zu können. Zu wenig oder zu sehr – in Wirklichkeit ist es dasselbe, es sind zwei Extreme derselben Unreife. Zum Glück habe ich diese Gefühlsergüsse nur in Briefen geäußert. Ich bin ihm nie nachgelaufen, habe nie wie ein treuer Hund vor seiner Tür oder unter seinem Fenster auf ihn gewartet, um ihm bei Vollmond und dem sehnsüchtigen Klang der Mandoline meine Liebe zu singen.

Dann wuchs ein Plan in mir: Ich müßte den Raum zwischen Couch und Sessel überwinden, zu ihm gehen, zu meinem Analytiker, ihm ins Gesicht sehen. Ich behielt diesen Gedanken für mich, erzählte ihm nichts davon; doch immer mehr nahm er von mir Besitz, wurde immer zwanghafter. Ich entschloß, diesen Plan in die Tat umzusetzen.

Wie gewohnt lege ich mich auf die Couch. Die Minuten vergehen. Ich weiß nicht mehr, ob ich etwas gesagt habe oder nicht. Ich lasse mich auf den Fußboden gleiten. Auf die Knie. Ohne meinen Analytiker anzusehen, krieche ich auf seinen Sessel zu, sehr langsam, etwas in mir treibt mich vorwärts etwas hält mich zurück. Der Weg ist weit und voller Hindernisse. Während ich auf ihn zukrieche, spreche ich zu ihm über meine Schwierigkeit, ihm näherzukommen. Schließlich bin ich angekommen. Immer noch auf den Knien hebe ich den Kopf und schaue ihn an. Ich finde ihn schön. Ich bin sehr glücklich, in seiner Nähe zu sein. Ihn endlich wirklich und nicht mehr nur in meinen Träumen anzuschauen. Leicht und vorsichtig berühren meine Finger seine Schläfen und seine kalten Hände. Endlich, nach diesem langen Weg, das Glück. Er sieht mich nicht an. Seine Gesichtsausdruck ist streng. Seine Hände sind stark und zerbrechlich, sein Mund schön und sinnlich, seine Lippen geschwungen wie die des Paris. Ich bin bei ihm. *«Oh, del mio dolc'ardor bramato oggetto, l'aura che tu respiri, alfin respiro.»* Und ich gehe zu meinem Platz auf der Couch zurück. Ich habe kein schlechtes Gewissen. Mir ist, als hätte ich etwas getan, was ich unbedingt tun mußte. Die Sitzung geht wie gewohnt zu Ende. *«Au revoir, Madame.»* *«Au revoir, Monsieur.»*

Beim Nachhausefahren wird mir klar, daß ich den analytischen Pakt gebrochen habe. Alles sagen – nichts tun. Daß ich zur Tat geschritten bin, aggressiv. Mein weißes Kleid ist über und über mit Schmutz bedeckt. Zutiefst beunruhigt fiebere ich der nächsten Sitzung entgegen. Reden – Verständnis. Vergebung.

Die darauffolgende Sitzung beginnt wie gewohnt.
«Bonjour, Monsieur.» *«Bonjour, Madame.»* Ich durchforsche sein Gesicht nach irgendeiner Veränderung, Nichts festzustellen. Ich bin erleichtert. Ich lege mich hin. Ich erinnere mich nicht mehr an meine ersten Worte. Er fragt mich plötzlich:
«Glauben Sie nicht, daß ich dahin kommen kann, wo Sie sind?» *«Nein.»* *«Sie glauben das nicht?»* *«Nein.»* *«Aber natürlich!»*

Ich höre, wie er aufsteht. Mit zwei schnellen Schritten ist er neben mir auf der Couch und nimmt mich in die Arme. Sein Mund liegt gierig auf meinem Mund. Ich bin erstaunt, zutiefst erschrocken, fühle, wie ich erstarre vor innerer Kälte; noch jetzt, acht Jahre später, krampft sich alles in mir zusammen, ich erschrecke, erstarre.

Aber ich bin glücklich, sehr glücklich. Wie gut es ist, seinen Mund auf meinem zu fühlen; seine Zunge in meinem Mund, seinen Körper auf meinem Körper. Eng umschlungen dazuliegen; der Beweis, daß er mich liebt, daß er mich begehrt. In seinen Augen zu lesen, wie glücklich er ist. Merkwürdig und widersprüchlich die Gefühle, während man von seinem eigenen Analytiker ausgezogen wird und ihn auszieht. Seinen Körper in mir zu fühlen, sein zartes feuchtes Geschlecht in meinen Händen, in meinem Mund. Ich vergaß alles um mich herum, die Analyse, die Couch. Ich war nur noch die Frau, glücklich in den Armen des geliebten Mannes. Doch nach mir kommt der nächste Patient. Nach genau 45 Minuten trennen wir uns, wie gewohnt.
«*Au revoir, Madame.*» «*Au revoir, Monsieur.*»

Während der darauffolgenden Tage war ich glücklich, überglücklich. Aber auch erschrocken wegen des plötzlichen Endes meiner Analyse. Und doch lag die Zukunft voller Versprechungen vor mir. Der geliebte Mann. Endlich die Liebe, ohne Hindernisse. Zumindest ich sah keine. Von jetzt an wird alles ganz einfach sein. Wir werden zusammenleben. Ich werde vielleicht auf seine Patientinnen eifersüchtig sein, ihm dennoch vertrauen. Ich war überzeugt, daß er mich sofort anrufen würde, um mit mir über das zu sprechen, was wir erlebt hatten.

Ich konnte ihn nicht anrufen, nicht zu Hause bei seiner Frau und seinen Kindern. Ich wollte ihn nicht stören, und vor allem wollte ich mich nicht aufdrängen, auch während der Sitzungen nicht. Er rief nicht an. Ungeduldig wartete ich bis zur nächsten Sitzung.

Er öffnet mir höflich wie gewohnt die Tür. Wir geben uns höflich die Hand: Madame, Monsieur. Im Sprechzimmer gehe ich unbefangen auf ihn zu und will ihn umarmen. Er weist mich zurück. Ich verstehe nicht, was das zu bedeuten hat. Ich will mich nicht hinlegen. Ich bleibe auf meinem Stuhl sitzen. Ungewöhnlich ernst fordert er mich auf, mich hinzulegen. Schließlich gehorche ich ihm wider Willen. Ich will ihm sagen, daß wir unmöglich so tun können, als wäre nichts geschehen.
Aber ich gebe nach, beuge mich seinem Willen. Ich versuche wie gewohnt von meiner Kindheit zu sprechen; brav wie gewohnt, einer tyrannischen, besitzergreifenden Mutter gehorsam, die von mir stets das Ummögliche verlangt hat; nur nicht widersprechen, ihren Geboten folgen, um nicht den furchtbaren Urteilsspruch hören zu müssen: *«Du bist wie Dein Vater.»* Vor allem ihre Liebe nicht verlieren.

Ich bin einmal mehr das brave Kind, wenn auch verletzt. Ich kann nicht mehr verstehen, daß ich mich so passiv verhalten konnte; es ist mir unbegreiflich, warum ich nicht energischer reagiert, warum ich ihn nicht geohrfeigt habe und zu einem anderen Psychoanalytiker gegangen bin. Weil ich ihn liebte. Und diese Liebe schien mir wichtiger als alle Überlegungen. Wichtiger als mein Leben. Ich war handlungsunfähig. Ich war bereits seine Sklavin. Wie sollte ich ihn zum Monatsende bezahlen? Er hat nie über Geld gesprochen. Ich konnte ihm doch nicht eine Stunde Liebe von seinem Honorar abziehen. Ich habe das übliche Honorar wie immer bar gezahlt. Die Wochen flossen dahin. Die Sitzungen verliefen wie gewohnt. Ich sprach; er sagte wenig. Ab und zu eine Deutung. Es war, als ob zwischen uns nichts passiert wäre. Als ob...

Es war im Herbst, an meinem Geburtstag, der in jenem Jahr auf einen Feiertag fiel. Meine Sitzung sollte trotzdem stattfinden, und ich freute mich sehr darüber. Abends wollte Bertrand mit mir bei Maxim's essen und tanzen gehen. Er hatte mir ein sehr schönes Abendkleid aus rosa Satin geschenkt, das über und über mit Perlen bestickt war. Ich aber sehnte mich nach meinem Analytiker. Ich zog das Kleid schon am Nachmittag an und band es unter einem weiten Cape mit einem Gummi am Gürtel fest. Ich war noch braun vom Sommer her, das Kleid stand mir gut. Ich war beim Friseur gewesen und schminkte mich sorgfältig. Ich wollte ihm gefallen. Ich wußte, daß ich schön war.
Als ich das Cape ablege, entfaltet sich das Kleid und fällt schwer zu Boden. Ohne ihn anzusehen, gehe ich zur Couch und lege mich hin. Bevor ich etwas sagen kann, höre ich ihn charmant und amüsiert sagen: *«Kann man das nicht alles ausziehen?»* Ich stehe auf, er steht auf; wir treffen uns auf halbem Wege. Wir umarmen uns. Er zieht mich aus, ich ziehe ihn aus. In seinen Armen bin ich glücklich, ich liebe ihn wahnsinnig, ich liebe sein Parfum, seine Haare, seinen Mund, seine Hände. Es ist der schönste Geburtstag meines Lebens.

Einige Stunden später sollte ich ihn ein zweites Mal feiern, ein zweites Mal lieben, einen anderen Mann, auch er schön, elegant, ich bin seit langen Jahren an ihn gewöhnt.

Alles in mir wehrt sich dagegen. Mir war es immer unerträglich, in der selben Zeit mit zwei Männern zu schlafen. Sobald sich eine derartige Situation ergab, habe ich einen verlassen. Das ist mir drei Mal passiert.
Aber was sollte ich in diesem Fall tun? Bertrand verlassen; auf die einzige, reale und alltägliche Beziehung verzichten? Ihn wegen eines Phantasiegebildes auslöschen, wegen eines Mannes, den ich nur als Analytiker und als Liebhaber kannte?
Kann man denn sagen, man kennt seinen Analytiker? Obwohl ich einige Einzelheiten seines Lebens und seiner Familiensituation in Erfahrung gebracht hatte, wußte ich nichts von ihm. Der Mensch und der Mann waren mir unbekannt. Ein Mann, der mich nicht anruft; ein Mann, den ich nicht anrufen kann; ein Mann, der mir nicht schreibt; ein Mann, mit dem ich außerhalb der 45-minütigen Sitzung nie gesprochen habe; ein Mann, der mich auszieht, mich liebkost, mich umarmt, die geheimsten Stellen meines Körpers küßt, bis ich Lust fühle, eine fast unerträgliche Lust und die Sehnsucht nach seinem harten, heißen Geschlecht.

Ich bin zu keiner Entscheidung fähig, zu keiner, und hoffe, daß die Zukunft eine Lösung bringt. Die Zeit ihr Werk verrichten lassen, untätig bleiben, hilflos den Ereignissen zuschauen. Auf der Couch liegen, oder in den Armen meines Analytiker-Geliebten, in meinem Bett, im Leben, liegen.

IX

Es gibt Augenblicke in meiner Psychotherapie, die besonders schwierig sind. Manchmal weiß ich nicht mehr, wo ich den Mut und die Kraft hernehmen soll, weiterzumachen. Manchmal habe ich sogar den Eindruck, daß ich nicht gesund werde, sondern daß es mir schlechter geht. Und manchmal bin ich überzeugt, daß mir die Psychotherapie schadet wie damals die Psychoanalyse, aber anders, daß sie zu den Dingen gehört, die ich meiden sollte. Ich merke immer mehr, wie sehr sich meine Persönlichkeit aufgrund meiner mißglückten Analyse verändert hat, daß sie mit meiner ehemaligen Persönlichkeit überhaupt nicht mehr identisch ist. Ich habe Angst, daß ich nie wieder die sein werde, die ich einmal war, ich für immer allein sein werde, allein mit meinen Schwierigkeiten, daß sie und ich von nun an ein unzertrennliches Paar bleiben.

Meine Angst – die große häßliche Kröte, die mich treu überall hin begleitet. Wird es mir gelingen, sie eines Tages gegen die Wand zu werfen, mich zu befreien, mich und den schönen Prinzen, den eine Hexe in ein widerliches Tier verzaubert hat?
Mich befreien – wieder lieben und glücklich sein können? Zuerst muß es mir einmal besser gehen, ich muß gesund werden.
Die gestrige Sitzung verlief in einer unerträglichen Spannung. Unsichtbare Hände schnürten mir den Hals zu, mein Sonnengeflecht verkrampfte sich. Ich konnte nicht mehr atmen. Und die Tränen, die Tränen. Den ganzen Tag hielt diese fieberhafte Erregung an. Und gleichzeitig empfand ich paradoxerweise eine Art Euphorie, die angenehm war.

Nach einer unruhigen Nacht wachte ich müde und niedergeschlagen auf. Ich hatte das Gefühl, in einem Tunnel zu sein, ohne Hoffnung, je wieder an das Tageslicht zu kommen.
Ich sollte nach Basel fliegen, um Freunde zu besuchen. Am liebsten hätte ich abgesagt und wäre im Bett geblieben, um niemanden zu sehen. Es ist schrecklich, Dinge aus Verpflichtung und nicht aus Lust zu tun.

Ich weiß nicht mehr, wozu ich eigentlich Lust habe. Lust und Glück – zwei Worte, die aus meinem Leben gestrichen sind. Herausforderung, Verpflichtung, Mut und Geduld. Nur unter Zwang kann ich mich überhaupt zu etwas aufraffen, aufstehen, das Bett verlassen, handeln. Und der Wunsch, doch wieder gesund zu werden, der einzige, den ich noch habe und an den ich selbst fast nicht glauben kann, gibt mir die Kraft, den Willen zu mobilisieren, um mein Ziel zu erreichen. Ich war absolut unfähig, etwas spontan zu machen, lebte alle Folgen einer Entscheidung tausendmal in allen Windungen, Umwegen, Abkürzungen und Fluchtwegen durch.

Auf dem Flughafen Roissy wird mir schlecht. Ein Blutstoß nimmt mir den Atem, alles entfernt sich von mir - die Leute, die Wände, die Fenster – alles verschwindet in dichtem Nebel. Ich fühle mich hoffnungslos allein – ich will davonlaufen.
Ich bleibe nur deshalb, weil ich bei der nächsten Sitzung nicht zugeben will, daß ich nachgegeben habe, daß ich mich habe besiegen lassen. Im Flugzeug geht es mir etwas besser. Wie absurd-gefährlich ist der Flughafen und die Menschenmenge, nicht etwa das Flugzeug, das brave Känguruh, das mich geschützt in seinem Beutel an seinem Herzen trägt!

Im Hotelzimmer in Basel wieder die Versuchung, der vierte Stock, der Zwang zum Sprung in die Tiefe. Ich schiebe den Tisch vor das Fenster. Glücklicherweise ist unten ein Garten mit Blumen und Büschen. Die Angst läßt nach.

Manchmal würde ich am liebsten überhaupt nicht mehr zu meinem zweiten Therapeuten gehen. Bei dem Status quo stehen bleiben und die Gebrauchsanweisung befolgen, die wir erarbeitet haben, damit ich besser mit meinen Schwierigkeiten umgehen konnte. Außerdem will er, daß ich dieses Buch schreibe. Nein, das ist nicht wahr. Ich selbst habe das Bedürfnis, aufzuschreiben. Aber ohne seinen Schutzschirm traue ich micht nicht. Schreiben - mich allem von neuem annähern, was ich am liebsten vergessen würde, aus meinem Gedächtnis radieren, auslöschen. Trotzdem gehe ich gern in meine Stunden; ich will mein verstümmeltes Leben, diese Halb-Gesundheit nicht mehr hinnehmen.

Im Grunde hatte sich mein erster Psychoanalytiker eine angenehme Rolle ausgesucht. Von Genuß zu Genuß, von Lust zu Lust lockte er mich auf den Treibsand, der sein Opfer nicht mehr freigibt, in den ich tiefer und tiefer versank. Tropfenweise flößte er die Droge ein und machte mich süchtig. Tropfenweise stieg die Angst bis zu dem kritischen Punkt, an dem alles explodieren mußte. Wie der Vesuv in einer Sommernacht im Jahre 79 plötzlich ausbricht, und die glühenden Lavaströme Pompeji verschlingen und die empfindsame, zerbrechliche Schönheit der Stadt vernichten. Venus in ihrer Muschel, den kleinen tanzenden Faun, die Menschen mit ihren Tieren. Alles mit einer dicken Schicht überziehen, die langsam hart wird, ein Schutzpanzer aus Stein.

Mit meinem zweiten Psychoanalytiker muß ich den umgekehrten Weg gehen. Von Unbehagen zu Unbehagen, von Unlust zu Unlust. Mit jeder unangenehmen Situation, die ich mit seiner Hilfe meistere, komme ich dem Leben, der Freiheit und der Selbständigkeit einen Schritt näher. Neu lernen, was möglich ist und wo Grenzen sind. Vor allem meine Handlungsfähigkeit zurückgewinnen, die Möglichkeit, auf die Wirklichkeit Einfluß zu nehmen, sie zu verändern und nicht mehr ohnmächtig erleiden müssen. Aber diese extrem unangenehmen Gefühle gehen bis an die Grenze des Erträglichen. Hätte ich nicht seine Bücher gelesen, bevor ich das erste Mal zu ihm ging, hätte ich nicht seine menschlichen Qualitäten, Vorstellungen und Arbeitsweise so bewundert, nie wäre ich in der Lage gewesen, so viel Leiden zu ertragen und diese Prüfungen zu überstehen. In den Augenblicken größter Entmutigung mußte ich mir das fast laut vorsagen, um auch wirklich daran zu glauben und den Mut nicht zu verlieren.

Mit ähnlichen Krämpfen, wie ich sie bei unseren Unterredungen bekam, hat sich wohl Schneewittchen vom vergifteten Apfel befreit; mich haben sie Stück für Stück befreit von der vergifteten Liebe, die mir mein Analytiker-Geliebten eingeflößt hatte.

Ich bin froh, daß ich trotz erneuter Angstanfälle wie vorgesehen am Ziel meiner Reise angekommen bin und nun im Hotel bei fest verbarrikadierten Fenstern im sicheren Bett liege. Ich freue mich, meinen alten Freund zum Abendessen wiederzusehen. Wir verbringen zusammen einen gemütlichen Abend, aber ich habe den Eindruck, als könnte er mir die Verwirrung, Unruhe und die versteckten Ängste von den

Augen ablesen. Er sagt nichts. Meine innere Anspannung läßt nach; ich vergesse, für diese Nacht. Tags darauf wache ich voller Abenteuerlust auf. Ich möchte in die Stadt einkaufen gehen, ganz allein.

Ich mache mich auf und vergesse völlig, mir ein Taxi zu nehmen, das mich wie ein Kindermädchen überallhin begleitet, mit dem Wägelchen überall auf mich wartet, um das Baby aufzunehmen, sobald es müde ist oder Angst hat. Ich zögere einen Augenblick. Zurück in das Hotel? Nein, ich will mein Abenteuer bestehen, von Anfang bis Ende und allein. Und ich entdecke von neuem, wie schön es ist, durch die Straßen zu schlendern und die Leute in den Cafés zu beobachten. Es ist schön und heiß. Die ganze Stadt ist auf den Beinen. Ich habe Lust, mich unter die Leute zu mischen und einen Mont-Blanc zu bestellen, eine köstliche Süßigkeit aus marron glacé und Schlagsahne.
Große grüne Straßenbahnen fahren vorbei, wie riesige Drachen, aber freundlich und friedlich mit ihren bunten Fähnchen, obwohl sie ein bißchen mit den Zähnen knirschen. Auf der anderen Straßenseite, unter einem roten Sonnenschirm, verkauft eine Bäuerin Berge von Aprikosen und Kirschen. Junge Leute in Hippiekleidern sitzen auf der Erde, spielen Gitarre und singen, die Zuschauer klatschen den Rhythmus dazu. Ich erledige meine Einkäufe und finde das Leben schön und einfach. Keine Spur von Tragik, weder in mir, noch um mich herum. Frieden.

Nach dem Mittagessen habe ich keine Lust, meinen Mittagsschlaf zu machen - er ist Teil der festen Lebensregeln, die ich erfunden und mir zur Vorschrift gemacht habe, um mich besser gegen meine Schwierigkeiten und die damit zusammenhängenden Gefahren zu schützen. Wenn ich sie genau befolge, scheint mir, nimmt die Gefahr ab. Ich habe Lust, in einem Park spazieren zu gehen und eine alte Linde, die ich gern habe und die blühen wird, zu besuchen. Ich setze mich auf die Bank unter dem Jahrhunderte alten Baum. Er steht in voller Blüte und duftet stärker als sonst. Merkwürdig, soviel ich weiß, gibt es kein Lindenblütenparfum. Nur Lindenblütentee. Schade. Dabei ist der Duft so verführerisch.

Ich will noch in ein Elektrogeschäft gehen, um mir ein Diktiergerät zu kaufen. Ich betrete das Geschäft. Plötzlich wieder diese Hexenkrallen in meinem Bauch. Sie hat meine Spur also nicht verloren, hat mich sogar hier gefunden nach diesem friedlichen Vormittag. Ich hatte sie fast vergessen.
Ich höre nicht mehr, was der Verkäufer sagt. Ich will davonlaufen. Ich zwinge mich zu bleiben, ich habe Angst, vor seinen Augen zusammenzubrechen. Ich versuche, mich zu entspannen. Er redet und redet, erklärt dies und das, aber ich verstehe überhaupt nichts mehr. Er heißt Bernstein. Es steht auf seinem Anstecker. Ich klammere mich an seinen Namen:
«Ihr Name ist ja in aller Welt berühmt.» Oh, was habe ich da nur gesagt! Zufrieden über dieses Kompliment beginnt er, mir seine persönlichen Glanzleistungen in der Welt der Musik zu erzählen. Er brauchte eine Ewigkeit, um alles zu überprüfen, Garantie, Verpackung, ob das Gerät in Ordnung sei. Ich bin innerlich zerbrochen, zerschlagen, wie eine zerfetzte Blume. Ich hätte ein Vermögen gegeben, damit er mich nur so schnell wie möglich gehen läßt. Endlich an der Kasse. Darüber hängt ein Poster mit einer Gruppe Lippizaner, diese herrlichen Pferde, die schwarz zur Welt kommen und dann schneeweiß werden. Sie springen die schwierige Courbette an der Longe.

Harmonie, Kontrolle, Selbstbeherrschung - alles Eigenschaften, die mir damals unbekannt waren und die ich zu erobern versuchte. Ein schwerer Kampf zwischen den Mächten des entfesselten Unbewußten und der Anstrengung meines Ichs, sie wieder unter Kontrolle zu bekommen. Zerstörerische Kräfte des Chaos, die ich mit meinem zweiten Psychoanalytiker einzudämmen suchte.

Das Bild dieser Pferde beruhigt mich, verlangsamt meine innere Flucht, den Drang, loszugaloppieren, durchzugehen. Vielleicht deshalb, weil ich mich kürzlich in einer Sitzung mit meinem zweiten Analytiker über die Lippizaner unterhalten habe. Wir haben einen Korb, eine ganze Kiste gefüllt mit Bildern, Code- und Schlüsselworten, magischen Worte. Ihre Kraft hat mir geholfen, die unheilbringende Macht des anderen zu exorzieren. Wie Leuchtreklamen tauchten sie in den Augenblicken der Gefahr vor mir auf und beschützten mich.
Ich freute mich immer, wenn wir ein neues Wort entdeckt haben, ein neues Bild für die Schatztruhe. Ich habe gern mit ihm gelach; sehr oft kamen diese Bildworte bei amüsanten Gelegenheiten zustande; er verspricht sich, ich verspreche mich.

Als ich ihm einmal von den Formalitäten erzählte, die ich unternommen habe, um Psychoanalytikerin zu werden, stolpere ich und komme ins Stottern. *«Dadik, didek...»* Er will mir helfen, das schwierige Wort *«didacticien»* (Lehranalytiker) herauszubringen: *«dicta...»* Als wir vom «Penis» sprachen, werfe ich ihm *«Tennis»* zu.
Meine Schwierigkeiten taufte er *«Pantaphobie»*, wobei ich sofort an den unersättlichen Pantagruel mit seinem dicken

Bauch denken muß oder an *«panta rhei»,* an Thales und die herrliche Welt des Ozeans mit seinen Geheimnissen.

Als ich mich nach meinem gefahrvollen Ausflug im Hotelzimmer in Basel ausruhte, habe ich alle diese «Gegenstände» aus meinem Schatzkästlein geholt und freute mich an ihrem Anblick.
Ich denke an meine psychotherapeutischen Sitzungen in dem großen hellen und nüchternen Raum unter dem weiten Himmel von Paris. Zuerst das Wartezimmer, eine Art Uterus, einer enger dunkler Gang mit roter Stofftapete. Ein Sessel. Ein Tisch aus Bambus, manchmal staubbedeckt - dann möchte ich am liebsten meinen Namen dort hineinschreiben; manchmal glänzt er auch, wenn die Putzfrau ihn gerade poliert hat. Eine Lampe beleuchtet ein Gemälde: Männer, die eine lange Leiter hinauf- und hinabsteigen. Die hinaufgehen, tragen schwere Lasten, die sie tief unten aus der Erde gehauen haben, große Steinbrocken aus unterirdischen Höhlen. Die Tür geht auf, und ich bin befreit. Die Königin der Nacht hat in der Gegenwart des Vaters ihre Zauberkraft verloren.

Mein alter Freund kommt herein. Ich stehe schnell auf. Nach dieser kurzen Ruhepause geht es mir wieder gut; ich fühle mich wohl. Ich ziehe ein leichtes fröhliches Sommerkleid an. Ich fühle mich schön und gehe mit meinem Freund essen und tanzen. Es ist gut, ihn wiederzusehen. Für ihn habe ich mich nicht verändert. *«Ich bin sicher, daß Du noch immer an jedem Finger einen Verehrer hast!» «Einer für meine beiden Hände genügt mir»,* lächle ich ihm zu und lasse ihn im Zweifel. Wenn er wüßte, daß es in meinem Leben niemanden gibt, der mich liebt und den ich liebe. Und das ist ganz allein mein Fehler, denn ich habe Angst, ich habe Angst, die Männer näherkommen zu lassen. Ich würde meinen Analytiker-Geliebten am liebsten umbringen. Dieser gemeine Kerl!

Das Bild, das mein Freund von mir hat, entspricht dem, wie ich früher war. Es ist wie ein altes Photo, auf dem ich mich wiedererkenne. Oder wie eine Haut, in die ich hineinschlüpfen kann. Bequem ist sie und paßt mir gut, auch wenn sie ein bißchen nach Naphtalin riecht. Wir schlendern Hand in Hand durch die engen Gassen Basels. Vor einem sehr alten Haus steht ein Rosenstrauch. Seine Zweige, über und über beladen mit Rosen, schwer vom leuchtenden Rosa ihrer seidigen Blüten, sind an den Fenstern entlang bis zum Dach hinaufgeklettert. Ich würde am liebsten in diesem Haus am Ufer des Rheins wohnen, mein Gesicht in dieses Blütenmeer tauchen, morgens, kaum erwacht, ihren Duft trinken.

X

Als ich mit der Niederschrift begann, war mir natürlich klar, daß die Art, mein Abenteuer noch einmal zu durchleben, mich zurückwerfen und in gewisser Weise von neuem mit dem unheilduftenden Parfum des Narziß vergiften würde.
Ich habe mir dann eine Schreibbeschränkung von zwei Stunden am Tag auferlegt und glaubte, damit das gefährliche Material nach Belieben beherrschen und handhaben zu können.
Neulich abend hat mich ein unbedeutender Vorfall sehr gekränkt, und die Kränkung war wie ein tiefer Schmerz, als hätte mir jemand ein Messer in den Bauch gestoßen oder versucht, mich zu erwürgen. Ich konnte diese Nacht nicht ohne Tabletten einschlafen. Am folgenden Tag schien es mir besser zu gehen. Aber die Überempfindlichkeit meines Sonnengeflechts und meines Halses ist geblieben.

Ich habe meine Tochter und ihre Freundin ins Restaurant eingeladen, um ihren Geburtstag zu feiern. Meine Tochter und ich haben eine kleine Auseinandersetzung. Der stechende Schmerz ist wieder da, unkontrollierbar, wie ich ihn schon lange nicht mehr erlebt habe. Ich würde am liebsten sofort aufstehen, davonlaufen, mich verkriechen.
Ich nehme ein Beruhigungsmittel und zwinge mich unter äußerster Willensanstrengung sitzen zu bleiben, innere Ruhe vorzuspielen und, ohne daß sie es merken, eine Entspannungsübung zu machen. Irgendetwas in meinem Inneren saugt mich aus, als gäbe es ein Loch in mir, das mich zu verschlingen droht. Ich kann nicht mehr atmen. Meine Lungen sind blockiert. Um mich herum verschwindet alles. Ich

bin eingehüllt in eine dichte Wolke, vom Sturm verweht. Das Medikament beginnt zu wirken. Langsam komme ich zu mir. Der Nebel, der mir den Atem genommen hat, wird wieder zu Luft, die meine Lungen begierig einsaugen. Ich kann die Leute um mich herum wieder erkennen, einzelne Worte unterscheiden und ihren Sinn verstehen. Der Schmerz verschwindet, das Auge des Zyklon sieht woanders hin, aber es bleibt ein schmerzhafter Punkt am Sonnengeflecht und am Hals.
Ich versuche, mich an der Unterhaltung zu beteiligen.
Nachdem die anderen mit dem Essen fertig sind – ich bringe keinen Bissen hinunter, täusche Leberbeschwerden vor und trinke nur einen Tee – fahre ich am ganzen Körper zitternd alle mit dem Auto nach Hause. Mir scheint, daß niemand etwas gemerkt hat, daß es mir gelungen ist, meinen inneren Kampf hinter einer Maske von Gelassenheit zu verstecken. Ich muß aber doch schweigsamer als sonst gewesen sein.
«Mama, Du versteckst Dich!»

Die beiden Mädchen gehen. Glücklicherweise. Ich bleibe allein zurück und kann mich endlich hinlegen. Ich schrecke hoch. Der Schmerz ist wieder da. Dieses schreckliche Etwas in mir, das ich nicht unter Kontrolle bekomme, das unversehens über mich herfällt, mir die Eingeweide zerreißt wie ein Hai. Finger, die mir den Hals zudrücken. Ich gehe hinunter in den Garten, lege mich in die Sonne. Ich versuche, mich zu entspannen, die Hitze auf meiner Haut zu spüren wie eine Hand, die mich liebkost, mich wärmt und das Übel und den Schmerz aus meinem Körper vertreibt. Ich breche in Tränen aus. Ich weine verzweifelt.
Ich nehme ein stärkeres Beruhigungsmittel. Ich habe eine ganze Palette verschieden starker Medikamente. Ich beginne

immer mit homöopathischen Mitteln, dann Bellergal, dann die anderen. Um mich ist Nebel. Die Schmerzen sind immer noch da. Ich erstarre. Erfriere. Ich flüchte mich in mein Bett. Noch ein Beruhigungsmittel. Die Schmerzen hören nicht auf.

Meine drei Katzen, die immer bei mir schlafen, sich eng an mich kuscheln, mich in den Schlaf schnurren, laufen heute abend unruhig im Zimmer herum. Fauchen sich an – meine lieben, friedlichen Katzen. Sie springen im Dunkeln auf den Möbeln herum, und an den Geräuschen höre ich, wo sie gerade sind. Auf den Schreibtisch, auf den kleinen Lyra-Tisch, auf meinen Nachttisch, zwischen den Kristallanemonen hin und her. Ich setze sie vor die Tür. Ich zögere, noch ein Schlafmittel zu nehmen. Warum eigentlich nicht? Ich möchte nur noch schlafen, nichts mehr spüren, alles vergessen.

Endlich verschwinden die Schmerzen. Zwei Stunden später bin ich hellwach. Sie sind wieder da. Ich zögere, noch eine Tablette zu schlucken. Ich denke an Romy Schneider. Ich habe den Eindruck, ganz ruhig zu sein, vernünftig, gelassen. Wenn ich nach all den Medikamenten, die ich schon eingenommen habe, noch eine Schlaftablette nehme, könnte passieren, daß ich nie wieder aufwache. Die Vorstellung erschreckt mich nicht. Ich will nur, daß die Schmerzen endlich aufhören. Wenn ich sterbe, was macht das schon? Ganz im Gegenteil, ich würde sterben, ohne vor dem Tod Angst gehabt zu haben, was für ein seltenes Vorrecht! Ich würde nicht einmal merken, daß ich sterbe.

Ich bin völlig klar im Kopf und nehme die nächste Tablette. Endlich tut es nicht mehr weh – was für ein herrliches Gefühl der Befreiung, der Freude! Früh am Morgen wache ich auf. Glücklich, so glücklich zu leben. Ich springe aus dem Bett; ich gehe an das weit geöffnete Fenster. Ich schaue in den Garten, die Rosen blühen, in allen Farben, hellrot, rosa, bordeauxrot, dunkelrot, wie aus Samt und Seide, strahlend unter dem blauen Himmel. Die Vögel singen; sie holen nach, was sie in den langen verregneten Maiwochen versäumt haben. Wie konnte ich gestern nacht nur denken, daß ich keine Angst vor dem Tod habe? Ich verstehe das nicht, ich lebe so gerne, ich liebe das Leben. Ich bin noch etwas benommen. Es tut zwar noch weh, aber ich will unter keinen Umständen mehr Medikamente nehmen; Wasser, viel Wasser und Zitronensaft. Mich schauert es, wenn ich an die Nacht zurückdenke, an meinen Abstieg ins Reich der Schatten. An den Ort ohne Wiederkehr, wo nur Alkohol und Drogen die unerträgliche Leere, dieses schwarze Loch in mir füllen können; mich retten können vor der Gefahr, in mir selbst zu ertrinken. Verhext vom Klang der magischen Zauberformel des Mondes:

> *«Verde que te quiero verde*
> *Verde viento. Verdes ramas.*
> *El barco sobre la mar.*
> *Y el caballo en la montaña.»*

Grün, ich will dich grün,
Grün, der Wind. Grün, die Äste
Das Boot auf dem Meer.
Und das Pferd in den Bergen.

Die magische Formel, die alles in das weiße Licht des Mondes taucht, in dieses kalte Leuchten, in dem Leben und Tod ineinanderfließen. Wie die Zigeunerin, die aus Liebe stirbt.

> *«Sobre el rostro del aljibe,*
> *se mecía la gitana.*
> *Verde carne, pelo verde,*
> *con ojos de fría plata.*
> *Un carámbano de luna*
> *la sostiene sobre el agua.»*

> Über dem Gesicht der Zisterne,
> die Zigeunerin.
> grün, ihr Fleisch, ihre Haare, grün,
> mit silberfrostigen Augen.
> Kaltes Mondlicht
> trägt sie über das Wasser.

Ihr Geliebter kommt über die Hügel zurück.

> *«No veis la herida que tengo*
> *desde del pecho a la garganta?*
> *Tres cientas rosas morenas*
> *Lleva pechera blanca.»*

> Seht Ihr nicht die Wunde
> von der Brust bis zum Hals?
> Drei hundert blutrote Rosen
> trägt Deine weiße Haut.

Drei hundert Rosen in der Brust, drei hundert Wunden.

Wer hat sie getötet? Der Geliebte? Habe ich sie getötet? Habe ich dich getötet? Dich endlich töten, du hast es verdient!
So ist das Gesetz Andalusiens und das Gesetz Siziliens. Und du kennst die Gesetze dieser Länder. Mein Vater hätte dich getötet, mein Bruder auch.
«*Sedotta e abandonata.*» Verführt und verlassen.
Aber es ist schlimmer. Ich durfte meinen silbernen Dolch nicht nehmen, um mich selbst zu verteidigen – oder dich vielleicht zu töten. Ich war allein mit dir. Mit dir, meinem Analytiker-Geliebten. Ich war allein mir dir. Ich war dein Kind. Ich war deine Tochter. Ich war deine Geliebte. Wer rächt diese Verführung? Wer hilft mir zu leben; straft den Niederträchtigen? Welche Strafe, die schlimmer wäre als der Tod, verdient er? Er hat nicht nur die Frau verführt, er hat das Kind vergewaltigt.

Psy-viol.

Am Abend bin ich von einem Freund zum Essen und Tanzen eingeladen. Er holt mich ab und zeigt mir ein kleines Gedicht, das seine Kinder ihrer Mutter zum Geburtstag geschenkt haben. Die Schmerzen treffen mich wie ein Faustschlag. Schon wieder, warum? Ich kenne diesen Freund schon seit zwanzig Jahren, ich liebe ihn nicht, ich bin nicht in ihn verliebt, wir sind gute Freunde, nichts weiter. Ich kann kaum laufen, ich will sagen: «*Ich möchte heute abend nicht weggehen.*» Nein. Ich muß mich zwingen. Und außerdem möchte ich nicht allein sein.

Ein milder klarer Sommerabend. Die letzten Sonnenstrahlen auf den Wolkenkratzern und Kirchtürmen von Paris. Die Krone des massigen Triumphbogens im Abendlicht, wie ein riesiger hell erleuchteter Eiswürfel. Allmählich kann ich mich entspannen. Mein Freund macht mir Komplimente. Findet mich hübsch.
Ich fühle mich wie ein gräßlicher Fötus, häßlich und unförmig.
«*Deine Augen sind heute abend so hell und strahlend. Ich bin sicher, daß mich alle Männer hier um Dich beneiden.*»
Ich bin mir dessen nicht so sicher, aber ich schweige. Es ist besser so. Wir tanzen. «*Du tanzt schön.*» In seinen Armen finde ich Trost, die Wärme seines Körpers beruhigt mich. Ich schmiege mich an ihn. Ich bin Lichtjahre von sexuellen Gefühlen entfernt. Ich tanze gern, vor allem Tango. Als Studentin habe ich mehrere Wettbewerbe im Paartanz gewonnen, und der Tango war mein Lieblingstanz. Die Schmerzen sind verschwunden, als hätten die drei Eisschwestern sie weggeküßt.

«Was für ein herrlicher Abend», sagt mein alter Freund. Das muß gefeiert werden. Und er bestellt Champagner. Ausgerechnet Champagner. Seit meiner einzigen Nacht mit meinem Analytiker-Geliebten habe ich keinen mehr getrunken. Das ist schon Jahre her. Ich trinke nur sehr wenig. Ich habe Angst, der Alkohol könnte zusammen mit den Medikamenten, die ich in der Nacht zuvor genommen habe, gefährlich werden.
Wir verlassen das Lokal und gehen zu Fuß nach Hause. Er umarmt und küßt mich. Sein Begehren tut gut, und er kommt mit mir ins Haus. Er ist erstaunt, er zögert, er schaut mich fragend an. Ich sage nichts. Er zieht mich aus, trägt mich auf mein Bett. Ich erinnere mich an nichts. Ich weiß nicht einmal, ob er in mich eingedrungen ist. Ich war so einsam, daß ich jemanden körperlich spüren wollte, um mich in seiner Wärme und Zärtlichkeit wieder lebendig fühlen zu können. Nie mehr allein sein, mit mir und meinen Schmerzen.

Er geht und entschuldigt sich.
Warum entschuldigt er sich? Er hat mir so viel gegeben. Er hat mir das Leben zurückgegeben. Ich bin lebendig, erwacht wie Schneewittchen nach dem Kuß des Prinzen im Glassarg. Am nächsten Tag fahre ich mit dem Auto nach Paris, um Besorgungen zu machen. Ich zögere keinen Augenblick. Ich denke nicht einmal daran, daß Autofahren eines der Symptome meiner Pantaphobie ist.

Wie gut, daß ich meinen zweiten Analytiker habe. Es ist, als wäre ich in einem brennenden Haus; und ich weiß, da ist jemand, auf den ich zurennen kann, weil er mich rettet. Als wäre ich auf einem Floß inmitten des aufgepeitschten Meeres und sähe endlich das rettende Schiff nahen, das mich zum Land, in den Hafen, auf festen Boden zurückbringt.

Er hatte mir gesagt, daß ich mich während meiner Krisen intensiv auf etwas konzentrieren sollte, das außerhalb von mir läge. Wir hatten zusammen eine Technik entwickelt, eine Methode, die mir dabei helfen sollte, mich mit meinen Krisen besser zu arrangieren. So habe ich angefangen, «Super-Mastermind» zu spielen. Und tatsächlich hat es mich abgelenkt, mir geholfen, keine Angst vor den Krisen zu haben; keine Angst vor der Angst und den Angst-Anfällen, den Angst-Überfällen.

Nach und nach sollte Arbeit dann das Spielen ersetzen. «Übersetzen Sie doch zum Beispiel einen schwierigen Text», sagte er eines Tages zu mir. Und ich begann zu übersetzen. Um gut übersetzen zu können, mußte ich nicht nur die Worte verstehen und in eine andere Sprache übertragen, ich mußte mich auch in den Autor einfühlen, ihn von innen her verstehen, um wiedergeben zu können, was er eigentlich sagen will. Ich mußte mich dem Text annähern, dem Original treu bleiben, so treu wie nur irgend möglich. Fusion, Verschmelzung; mein Vater, meine Mutter.

Wenn ich meinem Vater auf der Straße begegnet bin, habe ich mich am ganzen Körper zitternd versteckt. Ich habe mich ihm gegenüber nie unbefangen verhalten können. Er hat sicherlich meine Reserven und Fluchten gespürt. Ohne zu verstehen warum, ohne mir jemals zu helfen. Er wird gemerkt haben, daß ich es immer eilig hatte, von ihm wegzukommen, wußte aber nicht, wie sehr ich ihn zugleich gesucht habe. Er hat mir übel genommen, daß ich ihm gegenüber so scheu war. Das weiß ich, weil er mich enterbt hat. Er muß gedacht haben, daß ich ihn nicht liebe. Wenn er nur mein Gesicht hätte sehen können, als ich die roten Rosen auf seinen Sarg geworfen habe, bevor die Erde niederfiel und er unter dieser feuchten schwarzen Erdmasse verschwand. Mein Vater, der unbekannte.

Mein Vater war schön und fröhlich, er gefiel mir, und ich verliebte mich in Männer, die so aussahen wie er. Er sah sehr südländisch aus. Wenn ich ihn besuchte und wieder gehen wollte, fing er an zu sprechen und hörte nicht mehr auf; seine Augen blickten starr ins Leere, wie Glasaugen. Hatte er Angst vor mir, seiner Tochter, der Unbekannten?

Wenn er mich nicht geliebt hätte, wären seine letzten Worte nicht für mich bestimmt gewesen. Aber er hielt seine Liebe gut versteckt, als fühlte auch er sich schuldig. Wie hätte ich ihm da je begegnen können, ihm und dann den anderen Männern? So wie ich vor ihm auf der Flucht war, so war auch er auf der Flucht vor mir.

Eines Tages, als ich mit Freunden spazieren ging, sehe ich meinen Vater mit seiner Frau. Ich erkenne ihn von weitem. Er erkennt mich von weitem. Er bleibt stehen. Seine Frau ruft ihn. Er wendet sich ab, bleibt erneut stehen. Sie ruft ihn, energischer, und er folgt ihr. Ich will ihm nachlaufen, mich in seine Arme werfen. Ich bin wie gelähmt. Ich höre nicht mehr, was meine Freunde sagen, ich weiß nicht mehr, wovon wir gesprochen haben. Mir ist ganz elend zumute. Herzkummer. Und doch rede und lache ich weiter und verstecke wie gewohnt den Schmerz, der mich innerlich zer-

reißt, lasse die anderen nicht merken, wie gedemütigt ich mich fühle, wie unglücklich ich bin.
Meine Beine sind schwer. Mein Körper ist schwer. Niedergeschlagen komme ich nach Hause. Von meiner Wohnung aus kann ich von weitem den Spazierweg auf halber Bergeshöhe überblicken. Und ich sehe meinen Vater mit seiner Frau auf einer Bank sitzen. Ich glaube, er hat sich oft auf diese Bank gesetzt, denn manchmal sagte er zu mir:
«Ich habe gesehen, daß Deine Fensterläden geschlossen waren, Du warst sicherlich verreist.» Oder: *«Ich habe gesehen, daß Deine Fensterläden geöffnet waren.» «Ich habe jemanden auf der Terrasse gesehen.» «Ich habe die Putzfrau die Blumen gießen sehen.»*

So sind wir uns nie begegnet. Ich sitze auf einer Bank vor meinem Haus und schaue ihn von weitem an; er sitzt auf einer anderen Bank und schaut mich von weitem an.

XI

Und meine erste Analyse ging weiter, und immer häufiger schliefen wir zusammen. Meine Beziehung zu Bertrand ist gescheitert. Ich hatte keine Lust mehr, mit ihm zu schlafen. Gleichzeitig war ich traurig, daß ich mich dem Mann verweigerte, den ich auch liebte. Über unsere Probleme konnte ich mit meinem Analytiker-Geliebten nicht mehr sprechen. Denn das Problem, das mich vor allem von Bertrand trennte, war, daß ich einen anderen Mann liebte; daß ich glaubte, einen anderen Mann zu lieben, der in ein und derselben Person mein Analytiker, Geliebter und der Rivale von Bertrand war. Seit mein Analytiker-Geliebter das Zimmer neben seiner Praxis für uns eingerichtet hatte, wurde unsere Liebesbeziehung immer ungezwungener und intensiver. Voller Freude endeckte ich seine Schallplatten, seine Photos, einen Schreibtisch mit psychoanalytischen Schriften, Büchern, Vortragsmanuskripten und vor allem einen Wecker.
Also schläft er hier, also lebt er nicht mehr mit seiner Frau zusammen. Freude und Hoffnung erfüllten mein Herz.
Der Wecker ging aber nicht, zeigte immer dieselbe Stunde, außer wenn ich ihn ab und zu aufzog. Manchmal habe ich ihn umgedreht, um das unbewegliche Zifferblatt nicht sehen zu müssen. Immer dieselbe Stunde, aufgespießt wie ein toter Schmetterling. Im Schrank entdeckte ich seine Anzüge, seine Pullover, im Badezimmer sein Eau de toilette. Zärtlich glitt meine Hand darüber.
Ich habe geglaubt, glücklich zu sein. Und doch, wann immer wir statt der Analyse zusammen geschlafen haben, tat es mir um die verlorene Stunde leid. Und wenn wir nicht mitein-

ander schliefen, sondern Analyse machten, tat es mir um die Liebe leid; perpetuum mobile. Und zum Monatsende blieb mir die Peinlichkeit, sein Honorar auf den Silberteller, der sich auf dem kleinen runden Tisch befand, zu legen, neben die Katzen, die mit undurchdringlichem Blick zuschauten.

Er sagte oft, er sei verrückt nach mir.
Auch ich war verrückt nach ihm. Und es war wirkliche Verrücktheit, gefährliche Verrücktheit, verrückte Liebe, verrückter Tod, tödliche Verrücktheit, verhexte Liebe, Wahnsinn.
Wenn er mit mir schlief, sagte er zärtliche leidenschaftliche Worte. Noch nie habe ihm eine Frau so gut gefallen wie ich. Und ich glaubte ihm – ich glaubte an die Aufrichtigkeit meines Analytikers, meines Verführers.
Die großen Ferien standen bevor. Er wird diesmal nicht wie sonst abreisen, ohne etwas zurückzulassen, das uns miteinander verbindet. Doch er ist abgereist, und ich stehe mit leeren Händen da. Nichts. Keine Adresse, keine Telefonnummer, nichts.

Mir bleiben nur Erinnerungen. Immer wieder lasse ich sie wie einen Film an mir vorbeiziehen, um etwas darin zu entdecken, woran sich meine Liebe, meine Leidenschaft und meine Einsamkeit festhalten können. Mir bleiben meine Träume. Und ich träume, Tagträume, Nachtträume, Phantasien, Wahngebilde. Ich fühle mich als seine heimliche Verlobte, *«à la sicilienne»,* als geduldig wartende Verlobte, als *«promessa sposa»,* und ich warte. Ich warte auf den Mann, den Macho. Irgendwie war ich glücklich in meinen Träumen. Ich konnte gut träumen.

Um mich während der Ferien nicht so allein zu fühlen, habe ich mir einen kleinen gewöhnlichen Ehering aus Gold geschenkt. Wenn man ihn am Finger trug, konnte man nicht sehen, daß es sich um zwei ineinander greifende Ringe handelte, er sah wie ein gewöhnlicher Ehering aus. Eine meiner Freundinnen besaß so einen Ring. Ich habe ihn als Muster einem Goldschmied gegeben, der mir eine Kopie angefertigt hat. Er verbarg sich unter einem Ring mit kleinen Brillianten, den mir Bertrand geschenkt hatte, als er mich zum ersten Mal bat, seine Frau zu werden. Ich habe von diesem Ring geträumt, habe einen Traum gelegt um diese beiden Kreise, die wie zwei Räder dahinrollen, sich begegnen und vereinigen:

    Magie des Goldes
    Ring
    Sich teilend
    Null
    Zwei Nullen
    Und eine Acht
    Liebesversprechen
    Zwei Kreise

    Ich bin nicht mehr allein

    Allein
    Verlorener Stern in einer stellaren Katastrophe
    Umherirrend
    Auf lächerlicher Bahn
    Absurdität
    Im himmlischen Feuerwerk

An der Kreuzung
Ein anderer Stern
Körper an Körper
Du und ich
Unser Bund
der Ring
An meinem Finger

XII

Ich bin in einem großen Ballsaal. Die Gäste sind noch nicht da. Die prunkvolle Dekoration ist aus Kristall, die Kronleuchter, arabeskenförmig geschwungen, transparent, pastellfarbene Kristallblumen. Vogelgirlanden und Meeresmotive. Ich wundere mich, daß es keine echten Blumen gibt, keinen einzigen Blumenstrauß. Alles ist aus Kristall. Ich bin mit meinem Analytiker verabredet und bin glücklich. Wir werden zusammen tanzen. Ein Menuett soll den Ball eröffnen. Jede Frau darf ein Kleid ihrer Wahl tragen; das wundert mich, weil das Bild nicht einheitlich sein wird. Ich schaue meine Abendkleider durch und entscheide mich für ein schwarzes mit einem großen dunkelroten Plisséevolant, der sich um das Dekolleté legt. Mein Analytiker kommt vorher zu mir zum Abendessen. Ich wohne in einem Zelthaus, das bemalt ist und wie ein richtiges Haus aussieht. Ich möchte noch Ordnung machen, aber er kommt zu früh, und das ist mir unangenehm; es steht viel schmutziges Geschirr herum. Er hilft mir, die Teller in die Spülmaschine zu räumen. Das ist mir peinlich.

Auf einmal kommt auch Bertrand. Er findet, daß es bei mir sehr unordentlich aussieht und will alles aufräumen. Er nimmt das Zelthaus und rückt es näher an das Haus meiner Mutter. Er schaltet die Spülmaschine ein, und überall ist Wasser. Ich weiß nicht mehr, was ich tun soll. Mein Analytiker sagt, es sei ganz einfach, Ordnung zu machen. Er nimmt einen Besen, und das Wasser versickert in der Erde.

Der Ball beginnt, wir tanzen einen Blues, Wange an Wange. Er drückt mich an sich, schaut mich verliebt an. Ich bin glücklich.

Die anderen verschwinden, wir sind allein mit der Musik. Auf einmal läßt er mich los und geht mit ausgestreckten Armen langsam rückwärts, als würde er von einem unsichtbaren Faden gezogen, gegen den er machtlos ist. Er entfernt sich immer mehr, wird kleiner und verschwindet schließlich in einem schwarzen Loch.

Ich bleibe allein und traurig zurück. Es gibt kein Trost. Allein in einem Ballsaal. Allein in einem Dekor aus Wolken und glitzerndem Kristall. Allein in der Eisgrotte.

XIII

Trotz meiner Hoffnungen, die der Duft von Orangenblüten trug, habe ich in diesen Ferien viel nachgedacht. Dieses Durcheinander aus Analyse und Liebschaft erschien mir immer unerträglicher. Nach langen und schweren inneren Konflikten beschloß ich, meinen Analytiker-Geliebten nach den Ferien zu sagen, daß wir nicht mehr miteinander schlafen, sondern die Analyse zu Ende bringen und Glück und Liebe auf später verschieben sollten. In der ersten Sitzung nach den Ferien teilte ich ihm meinen Entschluß mit. Er äußerte sich nicht dazu.
Und es kehrte wieder ein wenig Ruhe in mein Leben ein. Ich würde mich endlich der Analyse widmen. Aber die Liebe fehlte mir. Ich hatte einen Entschluß gefaßt – nun aber kam es darauf an, ihn in allen Einzelheiten und Konsequenzen zu realisieren. Ich mußte die körperliche Abwesenheit des Mannes, den ich liebte, Augenblick für Augenblick ertragen, durfte ihn noch eine kurze Minute zu Beginn der Sitzung sehen – sich die Hand geben, nur die Hand – und durfte ihn noch einmal anschauen nach der Stunde für einen kleinen Moment. Seine Hand in meiner fühlen – alles, was uns verband, das Begehren, die Erinnerung, die Entspannung nach dem Begehren, die Zärtlichkeit – es war eine unerträgliche Situation, und ich habe sehr darunter gelitten. Aber ich konnte mich mit den Gedanken an die Zukunft trösten. Ich war sicher, daß unsere Beziehung so tief und dauerhaft sei, daß die Zukunft uns gehören würde.

Dieser Ausgang schien mir so logisch, daß ich mit Bertrand gebrochen habe, ohne ihm den Grund meiner Entscheidung

mitzuteilen. Ich habe lange gezögert. Ich habe sogar daran gedacht, ihm alles zu gestehen, ihm das Geheimnis meiner Analyse anzuvertrauen, das Abenteuer mit meinem Analytiker. Ihm davon zu erzählen in der Hoffnung, daß er mich versteht, mir hilft. Ich habe es nicht getan. Er hätte kein Verständnis dafür gehabt, hätte nicht verstehen können, wie sehr ich in meinem Innersten wünschte, unsere wahre Beziehung fortzusetzen und den Bann zu brechen, der uns trennte. Er hätte nie geahnt, daß es für einen Psychoanalytiker leicht ist, die Liebe seiner Patientin zu gewinnen; sie im eigentlichen Wortsinn verrückt vor Liebe zu machen. Es fiel mir sehr schwer, mich nach all den Jahren von ihm zu trennen. Ich war nicht länger dazu in der Lage, hatte weder körperlich noch psychisch die Kraft, diese unheilvolle Mischung aus Phantasie und Realität zwischen den beiden Männern weiterzuleben. Ich war nicht fähig, eine wirklich Beziehung mit Bertrand zu führen, und daneben noch die andere, die mit meinem Psychoanalytiker.
Ich brauchte Abstand, um wieder zu mir selbst zu finden und verlor mich dabei immer mehr.

So lebte ich allein und keusch, und wartete auf das Ende meiner Analyse, auf das Wiedersehen mit meinem Geliebten, meinem Verlobten, meinem *«promesso sposo»*.

XIV

Es war November. Zweieinhalb Monate waren seit meiner Trennung von Bertrand vergangen, zwei Monate, seit ich mit meinem Analytiker die Analyse wieder aufgenommen hatte und wir auf meinen Wunsch hin keine Umwege mehr ins Nebenzimmer machten. Ich hatte damals alle Fäden in der Hand, Macht über den Raum um Couch und Sessel, und war doch gleichzeitig vollkommen machtlos. Ich war zu einer Marionette geworden, und er zog willkürlich an den Fäden. Es gab keine Ordnung mehr, kein Gesetz. Keinen Schutz-Raum für ihn und mich.

Von dem Augenblick an, als ich über den Verlauf meiner Analyse- und Liebesbeziehung bestimmt habe, hatte ich verloren. Alles verwickelte sich: Liebe, Analytiker, Mann, Analyse, Frau, Kind. Eine derartige Situation war für den Analytiker wie für den Mann unannehmbar. Es war nicht das Gesetz des Dschungels, es war das Chaos. Es gab keine Grenzen, keine Schutzwälle, keine Deiche mehr, die die Fluten zurückhalten konnten. Wie war es nur möglich, daß er, mein Analytiker-Geliebter, nicht erkannte, daß wir uns in einer Sackgasse verrannt hatten? Mit starker Hand hätte er den Knoten durchhauen und wieder Ordnung herstellen müssen; er hätte uns trennen müssen. Er hätte mit mir sprechen müssen, mutig, offen, Auge in Auge. Wenn ich wenigstens sagen könnte, daß uns die Liebe in die Sackgasse getrieben hat. Er hat mich nie geliebt. Vielleicht hat er mich aus Leidenschaft verführt, vielleicht nur aus Neugier, aus Lust am gefährlichen Spiel.

Lust und Verwirrung, deren Opfer ich war; für immer gezeichnet. Und doch tut er mir irgendwie leid, er war unfähig, unser Schiff durch die Gefahren des Meeres zu steuern – die Gefährdungen zu erkennen, die die analytische Situation mit sich bringt. Es war mein Untergang. Es war sein Untergang. Ich denke, er hat unter dieser Situation auch gelitten, allerdings anders als ich, aber doch gelitten. Bessere Erklärungen für sein unklares Verhalten fallen mir nicht ein.

Ein grauer kalter Novembertag. Einige Tage nach meinem Geburtstag. Es regnet. Mit Grippe und neununddreißig Grad Fieber habe ich den Tag zwischen zwei Sitzungen im Bett verbracht. Da ich mich danach besser fühle, beschließe ich, trotz großer Müdigkeit in die Analyse zu gehen. Ich nehme ein Taxi. Zum Schluß sagt mein Analytiker-Geliebter lächelnd: *«Bleiben Sie das nächste Mal zu Hause und kurieren Sie sich aus!»* Ich ziehe meinen Mantel an, den ich wie immer auf einen Sessel neben dem kleinen runden Tisch gelegt habe. Als ich schon in der Tür stehe und hinausgehen will, berühren sich, ich weiß nicht wie, unsere Hände einen Augenblick lang. Er hält mich zurück und nimmt mich in seine Arme. Ich fühle von neuem seine Anziehungskraft, den Duft seiner Haut, seinen Mund, und ohne ein Wort zu sagen wissen wir, daß die nächste Stunde eine Stunde der Liebe sein wird. Ich bin darüber glücklich, aber auch beunruhigt. Froh, wieder dieses Zimmer betreten zu können – unser geheimes Zimmer, unser geheimes Bett. Glücklich bei dem Gedanken, wieder in seinen Armen zu sein, ihn wieder warm und fest bei mir zu fühlen; daß der Analytiker, dieses unsichtbare, allmächtige Wesen hinter mir in seinem Sessel, als mein Geliebter in meinen Armen liegen wird. Welche Verbindung gab es zwischen diesem stummen unsichtbaren Wesen hinter mir, wenn ich machtlos auf der Couch lag, und dem anderen, der mich in seine Arme schloß, mich besaß? Kann man beides zugleich sein und beide Rollen nach Belieben trennen? Kann man sagen: *«Jetzt bin ich Ihr Analytiker»,* und im nächsten Augenblick: *«Jetzt bin ich Dein Geliebter»?* Mit wem habe ich in der Realität geschlafen? Mit wem in meinen Phantasien? Mit dem Mann? Dem Analytiker? Mit dem Vater? Mit der Mutter? Oder mit allen zusammen?

Wir werden wieder Champagner trinken. Eigentlich mag ich Champagner gar nicht; aber ihn mit ihm zu trinken wurde wie zu einer heiligen Handlung. Nach der Liebe wird er mir wie gewohnt einen Zitronensaft zubereiten.
Übrigens habe ich noch immer eine Flasche Champagner, die er mir geschenkt hat. Auf dem Etikett steht geschrieben: *«Erst im Jahr 2005 trinken.»* Ich habe also noch Zeit. Ebenso habe ich die Flasche mit echtem polnischen Slibowitz aufgehoben, die er hebräisch beschriftet hat. Ich hüte sie wie einen Schatz. Niemand darf davon trinken.

Ich bin allein im Haus, die Putzfrau ist gegangen, und ich habe noch einige Sachen zu erledigen, bevor ich mich wieder ins Bett legen kann. Der Schreiner kommt, um für die Reparatur einer Tür maßzunehmen. Eine Freundin, die gerade in Paris ist, hat sich zum Abendessen eingeladen. Der Hund muß ausgeführt werden, die Katzen wollen gefüttert werden.
Es ist 22 Uhr, als ich endlich schlafen gehen kann. Ich beschließe, ein heißes Bad zu nehmen; ich verstäube eine Essenz gegen Schnupfen in meinem Schlafzimmer, nehme einen Löffel Hustensaft, lege mich in die Badewanne. Mit ei-

nem Mal beginnt mein Herz zu rasen. Ich habe das Gefühl, fast zu ersticken. Ich steige so schnell ich kann aus der Badewanne. Mein Herz galoppiert, ich nehme Tropfen. Ich lasse dem Medikament keine Zeit, zu wirken, Panik erfaßt mich. Noch nie habe ich mich so elend gefühlt. Ich kann nicht mehr atmen; schwankend stehe ich auf und öffne das Fenster. Keine Erleichterung. Mir ist, als wäre ich in eine zähe, klebrige Masse eingeschlossen, die mir den Atem nimmt, mich würgt. Ich lege mich wieder hin, stehe wieder auf, kann mich nicht beruhigen. Ich bekomme immer mehr Angst. Eine noch nie gekannte Angst, gewaltsam, unbezähmbar.
Die einzige Telofonnummer, die ich auswendig weiß, ist die von Bertrand. Ich zögere, ihn mitten in der Nacht anzurufen, dazu habe ich kein Recht mehr, wir sind getrennt. Trotzdem wähle ich seine Nummer. Keine Antwort. Er ist sicherlich ausgegangen. Und ich habe Angst. Ich versuche es noch einmal. Keine Antwort.
Ich finde mich auf dem Boden wieder. Bin ich ohnmächtig geworden? Ich sterbe, mein Gott, ich sterbe! Und ich will doch nicht sterben. Und der Strudel zieht mich immer weiter. Ich flüchte aus meinem Schlafzimmer, als ob der Tod dort, nur dort mich holen wollte. Ich breche vor der Tür zur Bibliothek zusammen. Das andere Telephon, schnell. Ich brauche einen Arzt, aber welchen? Ich falle hin. Ich kann keine Zahlen mehr lesen oder suchen. Der rote Strudel reißt mich immer weiter, immer schneller fort. Die einzige Nummer, die ich weiß, ist die Eins und die Acht, die Feuerwehr.
Eine gleichgültige Stimme will meinen Namen und meine Adresse wissen. Meinen Namen? Meine Adresse?
Die Stimme wiederholt: *«Ihren Namen und ihre Adresse, bitte!»* «Kommen Sie schnell, bitte, ich sterbe!» *«Ihr Name und*

ihre Adresse!» Ruhig und gleichgültig wiederholt die Stimme hartnäckig ihre Frage. In den Fetzen meiner Erinnerung taucht irgendwo mein Name auf. Ich komme langsam wieder zu mir; wie das Pendel einer stehengebliebenen Uhr schwingt der Telefonhörer hin und her. Mit letzter Kraft zwinge ich mich, die Nummer noch einmal zu wählen und gebe der gleichgültigen Stimme Name und Adresse. *«Kommen Sie, ich sterbe.»* Ich breche erneut zusammen. In meinem Kopf zusammenhanglose Gedankenscherben. Hund, Treppe, Schreiner, Tür, Garten, Jean, Jean.

Eine Sirene – ich komme zu mir und liege im Garten. Ich bin also die Treppe hinuntergegangen oder -gefallen. Irgendjemand trägt mich ins Haus und legt mich auf das Sofa im Salon. Wer sind all diese behelmten Männer um mich herum? Und wieder werde ich fortgerissen. Ich kämpfe, wehre mich, will nicht weggesaugt werden. Dieser Staubsaugerschlauch, der mich verschlingt, dieser tödliche Sog. Als ich wieder zu mir komme, habe ich eine Sauerstoffmaske auf dem Gesicht. Das Gefühl zu ersticken, wird nur noch stärker, ich reiße die Maske ab.
«Womit haben Sie versucht, sich umzubringen?» «Ich? Mich umbringen?» Eine brutale Faust umklammert mein Herz, will es aus dem Leib reißen, es tut weh. *«Ich will nicht sterben, bitte, ich will wirklich nicht sterben!»* Ich komme wieder zu mir, mein Nachthemd ist über der Brust geöffnet. Der Speichel läuft mir aus dem Mund. Schrecklich.
Mein Adreßbuch – einer dieser fremden Männer hat es in der Hand. Auf die erste Seite habe ich die Adresse meines Analytiker-Geliebten geschrieben. Sie werden ihn anrufen, sie werden ihn anrufen. Oh, mein Gott, ich fühle mich schrecklich schuldig. Ich wünsche nichts mehr, als daß er

kommt. Ich will nicht allein sein mit all diesen fremden Männern. Ich habe ein schlechtes Gewissen, daß ich seine Telefonnummer in mein Adressbuch geschrieben habe. Und werde wieder ohnmächtig. Schuldig, schuldig... Dieser schreckliche Schmerz in meiner Brust – ich bin ein Lumpen, den man auswringt. Ich werde um und umgeschleudert wie in einer Zentrifuge. Ich klammere mich an eine fremde Hand. Sie ist warm und fest, diese Hand. Aber das Gesicht kenne ich nicht. Nie wieder diese Hand loslassen.
Ich will, daß er kommt. Aber seine Frau wird bei ihm sein. Nein, sie dürfen seine Nummer nicht finden. Sie dürfen ihn nicht anrufen. Nie hätte ich seine Adresse in mein Büchlein schreiben dürfen.
Und wieder dieser unerträgliche Schmerz in meiner Brust, wieder dieses Gefühl, als wolle mir eine unwiderstehliche Kraft das Herz ausreißen, mich fortziehen, ich weiß nicht wohin, mich einsaugen, das schwarze Loch. Aber ich will nicht sterben.
Jemand kniet neben mir, gibt mir eine Spritze, mißt meinen Blutdruck, er ist hoch.
Ich komme ich zur Ruhe. Der Concierge ist auch da. Ich decke mich schnell zu. Einer der Männer kommt triumphierend mit einem Fläschchen Augentropfen herein, Kräutertropfen aus der Schweiz, ganz harmlos. Sich mit Augentropfen umbringen – selbst in diesem Augenblick muß ich lächeln. «Nein. *Das sind Augentropfen; ich wollte mich gar nicht umbringen, im Gegenteil, ich will leben, wirklich leben. Rufen Sie bitte diese Nummer an.*»
Bertrand war in der Zwischenzeit nach Hause gekommen. Er habe keine Lust, das Auto wieder aus der Garage zu holen, sagt er zu dem Feuerwehrmann. Er kommt mich morgen im Krankenhaus besuchen. Ein Polizeiwagen mit angestell-

tem Martinshorn nimmt mich mit. Diesmal klammere ich mich an die Hand eines Polizisten. Eine fremde Hand, egal, wem sie gehört.

Auch die Ärzte im Krankenhaus glauben mir nicht, daß ich mich nicht umbringen wollte. Elektrokardiogramm, Blutprobe – die ganze Krankenhausroutine. Dann werde ich in ein Zimmer mit vergitterten Fenstern gebracht, man schließt die Tür ab. Ich bin allein, allein mit meiner Angst, allein mit der Nacht. Ich habe den Eindruck, verrückt zu sein, es zu werden oder – dafür gehalten zu werden. Und die Gitter vor dem Fenster. Im Zimmer nebenan ist das Stöhnen einer Frau zu hören. Ich spüre, daß sie im Sterben liegt, gegen den Tod kämpft, sich ans Leben klammert. Wie ich einige Stunden zuvor. Dieses Stöhnen macht mir Angst. Aber ich traue mich nicht, nach der Krankenschwester zu klingeln. Ich kann nicht einschlafen. Ich schreibe einen Brief an meinen Analytiker-Geliebten. Bitte ihn, mich abzuholen, mich zu besuchen, bei mir zu sein. Und ich erzähle ihm, was ich erlebt habe.

Am Morgen beschließe ich, den Brief nicht abzuschicken. Ein Arzt kommt und untersucht mich. *«Sie haben wahrscheinlich Medikamente genommen, die sich nicht miteinander vertragen, und dann das heiße Bad, die Müdigkeit durch die Grippe, Calziummangel, Krämpfe.»*

Bertrand erscheint wie ein Schutzengel. Organisiert, kümmert sich um alles, spricht mit dem Arzt. Aber ich spüre seine Distanz. Verständlich. Wir sind nicht mehr zusammen. Er erhält vom Arzt die Erlaubnis, mich nach Hause zu bringen. Ich bin sehr froh. Nachdem er mich abgesetzt hat, fährt er wieder weg.

Ich bin glücklich, wieder zu Hause zu sein. Aber ich halte es in meinem Schlafzimmer nicht aus. Der intensive Kräutergeruch ist immer noch da. Als hätte er mich vergiftet. Sehr lange verbindet sich diese schreckliche Angst mit dem Geruch dieser Kräuter, und ich kann ihn nicht mehr ertragen. Ich ziehe in ein anderes Zimmer und schlafe, behütet von der Putzfrau, eine ganze Nacht durch.

Als ich aufwache, ist es Samstag, der Tag meiner Analyse.
Wenn ich damals gewußt hätte, daß dieser Vorfall mein ganzes Leben verändern würde. Ich entscheide mich, hinzugehen.
Der Brief, den ich während der langen Krankenhausnacht geschrieben habe, ist in meiner Tasche. Ich will ihn meinem Analytiker-Geliebten vorlesen. Ich will mit ihm darüber sprechen. Ich will verstehen, was in dieser Nacht geschehen ist.
Ich fahre mit einem Taxi zu ihm. Ich will mich auf die Couch legen und ihm den Brief vorlesen. Er nimmt mich in die Arme. Wir gehen in das Zimmer nebenan. Der Brief bleibt ungelesen auf dem Tisch bei den Katzen liegen, unter ihren erschrockenen Augen, ich erzähle ihm nicht, was mit mir geschehen ist.

Vor der nächsten Sitzung wird mir wieder schlecht. Mein Herz pocht heftig. Mir ist schwindlig. Ich habe Angst, aus dem Haus zu gehen. Ich schreibe einen kleinen Brief an meinen Analytiker-Geliebten und bitte die Concierge, ihn in seiner Praxis abzugeben. Ich bitte ihn, zu mir zu kommen.
Ich bin nicht sicher, ob er kommt. Während ich auf ihn warte, lege ich mir vorsichtshalber alle möglichen Entschuldigungen und psychologischen Erklärungen zurecht, um sein Wegbleiben zu rechtfertigen und um mich besser damit abfinden zu können, ohne zu sehr zu leiden. Ich wage nicht

einmal in der Tiefe meiner Seele, mich zu beklagen, ihm Vorwürfe zu machen.
Es klingelt. Ich mache auf. Er ist es. Ich bin erleichtert, bin glücklich. Ausnahmsweise wurde ich nicht enttäuscht.
Er macht ein besorgtes Gesicht, er setzt sich neben mich.
«Ich will wirklich nicht, daß wir vor dem Ende der Analyse noch zusammenschlafen, ich will es nicht mehr. Ich flehe Dich an.» Er nimmt meine Hände und antwortet: *«Wollen Sie zu einem anderen Analytiker gehen?» «Nein, ich will die Analyse mit Ihnen zu Ende bringen.»* Mit ihm dieses Trugbild von Analyse zu Ende bringen! Wie eine Schiffbrüchige klammere mich an ihn. Er ist sehr ruhig, liebenswürdig und verständnisvoll. Ich habe ihn noch nie so gesehen. Ich freue mich darüber, es gibt mir ein Gefühl der Sicherheit. *«Es ist nett bei Dir.»* Er geht.

Mein Analytiker-Geliebter weiß nichts von meinen Krisen. Ich erzähle ihm in den Sitzungen nichts davon. Ich nehme Beruhigungs- und Schlafmittel; ich richte es so ein, daß immer ein Taxi in der Nähe ist, wenn ich das Haus verlasse, das Taxi Nr. 19, immer dasselbe, das überall, wo ich hingehe, treu auf mich wartet. Es beruhigt mich zu wissen, daß es am Eingang der Geschäfte auf mich wartet, wenn ich Einkäufe zu erledigen habe, vor der Praxis meines Analytiker-Geliebten, zu Hause, wenn ich zu der Sitzung gehe; es hilft mir in den Augenblicken meiner Krisen, verkürzt jeden Weg, den ich allein zu machen habe.

Meine Anfälle wiederholen sich in immer kürzeren Abständen. Ich spreche nicht darüber. Mit niemandem. Ich verstecke alles. Ich habe Angst, seine Liebe zu verlieren, daß er mich verläßt. Ich habe immer das Gefühl gehabt, für irgendetwas bestraft zu werden. Aber wofür? Es ist, als hätte ich ein Gebot meiner Mutter übertreten. Sie hat es mir immer übel genommen, wenn ich meinen Vater besucht habe.

Als ich 18 Jahre alt war, bin ich gegen den Willen meiner Mutter von Zuhause weggegangen, um mein Leben selbst zu verdienen und zu studieren. Ich habe den Eindruck, einen langen Weg umsonst gemacht zu haben. Ich hätte sie nie verlassen, nie gegen ihren Willen handeln dürfen. Sie hat immer gesagt: «*Mach' was Du willst...*», aber «*Du wirst bereuen, daß Du nicht gemacht hast, was ich wollte*», hat sie gemeint. Ich habe stets gemacht, was sie wollte, wenn sie gesagt hat: «*Mach' was du willst*», aber ich war frustriert und bereute, daß ich nicht gemacht habe, was ich wollte. Aufbegehrt habe ich erst, als ich schließlich von zu Hause wegging, um mein eigenes Leben zu leben, allein.

Ich war wie Rotkäppchen, das trotz der Ermahnungen seiner Mutter vom Weg abging und vom bösen Wolf verschlungen wurde. Meine Welt schrumpft immer mehr: mein Schlafzimmer, mein Haus, der Garten, das Taxi, das mich mit der Praxis meines Analytiker-Geliebten verbindet. Die Kette ist kurz. Und mein ganzes Interesse, all meine Energien werden ausschließlich von meiner Liebe zu meinem Analytiker-Geliebten und meinen Krisen in Anspruch genommen.

Er sagte immer, ich sollte ein bißchen aktiver werden und nicht immer ihm die Initiativen überlassen. Das war in dieser Situation nicht leicht. Meine Sehnsucht war stärker als je zuvor, meine Liebe auch. Aber ich hatte jeden Schwung und jede Spontaneität verloren. Und außerdem, welche Initiative hätte ich schon ergreifen können – die eines Panthers in einem Käfig, zehn Quadratmeter Freiheit – nicht einmal zehn Meter.

Einmal habe ich mich tatsächlich entschlossen, initiativ zu werden. Es war in der Samstagssitzung. Ich hatte ein wenig mehr Zeit zur Verfügung. Ich lege mich hin. Er setzt sich. Ich stehe auf, setze mich auf seine Knie und umarme ihn. Er gibt mir einen zärtlichen Kuß und sagt: *«Heute nicht, ich muß gleich einen Vortrag halten.»* Ich küsse ihn weiter, streiche ihn, er redet nicht mehr von seinem Vortrag, und ich küsse, streiche sein Geschlecht, so wie er es gern hat, und wir schlafen zusammen. *«Mon amour, mon amour, ich sterbe. Ich werde zu Deiner Sklavin.»* Als wir auseinandergehen, sagt er: *«Du warst wie ein kleines Mädchen, das nicht will, daß sein Vater fortgeht.»*
Ich denke lange über das Wort Sklavin nach, das Schuldgefühle in mir weckt. Natürlich haben alle Liebesworte, die während des Liebesakts gesagt werden, keine reale Bedeutung, sondern sind Ausdruck von Leidenschaft und Zärtlichkeit. Die Worte, die ein Psychoanalytiker während des Liebesakts zu seiner Patientin sagt, bleiben wie jedes seiner Worte irgendwo im Unbewußten hängen. Ich hatte mit meinen Versuchen, *«mehr Initiative zu ergreifen»* kein Glück!

Einmal hatte er einen schweren Hexenschuß. Ich bot ihm an, ihn zu massieren. Er zog sich aus, legte sich auf den Boden, ich setzte mich rittlings auf seinen Rücken und massierte ihm die schmerzhaften Stellen. Ich weiß nicht, ob es die wunderbare Wirkung meiner Massage oder meine Stellung ist, aber er drehte sich um, und wir liebten uns.

Meine Regel blieb aus. Ich machte mir Sorgen; aber irgendwie machte mich der Gedanke, daß ich vielleicht ein Kind von ihm erwarte, glücklich. In der nächsten Sitzung erzähle ich ihm davon. *«Dieses Kind darf nicht geboren werden.» «Aber warum?» «Dieses Kind darf nicht geboren werden!»* Ich verstehe nicht. Ich habe das Gefühl, als würde er mir ein Messer in den Bauch, in mein Herz stechen. *«Weil es kein Kind der Wirklichkeit ist.» «Aber warum?» «Dieses Kind darf nicht geboren werden!» «Ich bitte Sie, gehen Sie mit mir zum Arzt, wenn Sie wollen, daß ich es abtreibe. Lassen Sie mich nicht allein, ich bitte Sie.»*
«Doch.»

XV

Ich bin einsam. Ich habe das Gefühl, weit weg von allem zu sein, in einem geschlossenen Raum, ohne Verbindung zu den anderen und zur Welt. Es gibt für mich nur eine einzige Realität, meine Analyse und diese verrückte Liebe. Ein Bett in einem Zimmer, dessen Fensterläden stets geschlossen bleiben, einige Papiere auf dem Schreibtisch, unsere nackten Körper. Nichts weiter. Doch, ein Wecker, ein Wecker, der nicht geht. Und 45 Minuten.

Zum Glück ruft mich Bertrand regelmäßig an. Ab und zu gehen wir zusammen essen. Das bedeutet mir sehr viel. Reden, lachen, der Genuß, in seiner Gesellschaft zu essen, ohne dabei auf die Uhr schauen und Schuldgefühle haben zu müssen. Bertrand holt mich mit dem Auto ab und bringt mich wieder nach Hause – all diese unbedeutenden Kleinigkeiten sind für mich kostbar.
Ich frage mich, ob Bertrand immer noch allein ist oder ob er schon eine andere Frau hat. Er spricht nie darüber. Ich wage nicht, ihn zu fragen. Er findet, daß ich schlecht, sehr blaß und angespannt aussehe. Ich habe ein schlechtes Gewissen, daß ich schlecht aussehe; ich fühle mich schuldig, ihm nichts geben zu können, Fehler zu haben. Ich fühle mich schuldig, ich fühle mich schuldig. Immer schriller klingt mir diese Litanei in den Ohren.
«Bertrand, wenn es nicht zu spät ist, möchte ich wieder mit Dir zusammen sein.» Er nimmt mich in die Arme. *«Nein, es ist nicht zu spät.»* Ich bin glücklich, fühle, wie mein Körper wieder warm wird. Mir ist, als kehrte ich ins Leben zurück.

Wir nehmen unsere alten Gewohnheiten wieder auf, die mir so lieb und vertraut waren und die mir gefehlt haben. Die gemeinsamen Abende, die Nächte, das Wochenende auf dem Land, die Spaziergänge. Auch wenn ich glücklich bin, wieder bei ihm zu sein, ist mir doch klar, daß ich unfähig bin, ihm das zu geben, was ich ihm gerne gegeben hätte, und das macht mich traurig. Ich bin deprimiert, müde, mache mir deswegen Vorwürfe. Wenn ich nur mit Bertrand über alles reden könnte. Mich ihm anvertrauen, aus meiner Isolation ausbrechen, mit ihm zusammen die Fäden dieser Situation entwirren. Mein Problem, unser Problem lösen, es zumindest versuchen, ein neues Leben anfangen, endlich ein Leben zu zweit. Aber Bertrand haßt Komplikationen. Wenn es Probleme gibt, weicht er aus und geht. Und ich habe Angst, ersetzt zu werden. Vielleicht unterschätze ich ihn. Ich schweige.

Natürlich ist mir klar, daß meine Untreue keine wirkliche Untreue ist. Sie wurde durch die Mechanismen der «Analyse» hervorgerufen, durch das Versagen und Verfehlen meines Analytiker-Geliebten. Ich weiß nicht mehr, wer gesagt hat – es war sicherlich ein Psychoanalytiker –, daß der perverse Psychoanalytiker stets darauf aus ist, über das Erlaubte hinauszugehen. Ich hatte dieser Art von Verführung nicht widerstehen können. Wenn ich mit Bertrand darüber gesprochen, wenn er den Konflikt verstanden hätte, dann hätten wir zusammen einen Weg gefunden, mich zu retten, unsere Beziehung, unsere Liebe; dann hätten wir trotz dieser Erfahrung, in der kein flatterhaftes Herz nur Abwechslung suchte, anders und besser wieder zusammenfinden können. Doch ich habe ich geschwiegen.

Ich habe das Gefühl, am Rande eines Abgrunds entlangzugehen, habe Angst und Lust zugleich, mich hinunterzustürzen.
In immer kürzeren Abständen greife ich zu Medikamenten. Mit ihrer Hilfe kommt wieder Leben in mich, das Leben, das mir langsam entgleitet. Mein Leben, vielmehr mein Überleben hängt von der Einnahme dieser Medikamente ab. Zum Glück hatte ich genügend Willenskraft, nicht außerhalb der Mahlzeiten zu trinken. Der Erleichterung, die ich nach Einnahme der Tabletten oder nach einem Glas Wein verspüre, folgen sofort bohrende Gewissensbisse und heftige Schuldgefühle. Ein Teufelskreis aus Zwang und Schuldgefühlen, dem ich nicht entrinnen kann und der mir das Leben zur Qual macht. Ich erkenne mich nicht mehr, bin mir fremd und weiß nicht mehr, wie ich mit mir umgehen soll.

Ich gehe nicht mehr mit meinem Hund spazieren. Es ermüdet mich zu sehr und macht mir Angst. Einmal hatte ich eine Krise, als ich im Park von Saint-Cloud war. Zum Glück konnte der Wärter mein Taxi rufen, das am Eingang wartete. Es kam wie ein Rettungswagen angerast. Wie erleichtert ich mich fühlte, aber wie gedemütigt. Mein Leben ist zu kompliziert geworden. Ich sehe keinen Ausweg aus diesem Käfig, dessen Gitterstäbe sich um mich herum immer mehr zusammenziehen.

XVI

Ich habe endlich den roten Faden gefunden, mit dessen Hilfe ich ins Labyrinth meiner Erinnerungen hinein- und wieder herausfinde, ohne mich darin zu verlieren, ohne mein Leben in Gefahr zu bringen und ohne anderen Leid zuzufügen.
Als ich zu schreiben begann, habe ich mich über die angespannte Atmosphäre gewundert, die um mich herum herrschte. Ich habe endlich begriffen, daß diese Stimmung von mir ausgeht. Die Angst von damals ist nicht tote Asche. Neu flammt sie auf. Angst vor einer imaginären Gefahr. Die anderen spüren meine Angst, teilen sie, als ob auch sie in Gefahr wären. Indem ich meine Erinnerungen wieder belebte, kehrte ich in die Vergangenheit zurück, durchlebte alle Gefahren und Abenteuer von neuem. Um mich und die anderen zu schützen, um meine Beziehungen zu hüten, erfand ich ein Sicherheitssystem und begann, meinen Tagesablauf und meine Arbeit zu organisieren. Ich mußte dabei in einem Niemandsland, einer Art Quarantänestation haltmachen; anders war es mir unmöglich, aus der Welt meiner Erinnerungen in die der Realität zu gehen. Es schien mir nicht möglich, einfach so von meinem Tisch auf der Terrasse, auf dem sich die Manuskriptseiten häuften, aufzustehen und zu den anderen zu gehen. Ich mußte eine Tätigkeit zwischenschalten, mußte auf neutralem angstfreien Boden Station machen.
Morgens stehe ich früh auf. Ich mache mit dem Hund einen Spaziergang am Meer, auf der einen Seite den untergehenden Mond, auf der anderen die aufgehende Sonne. Die Möwen schlafen mit dem Kopf unter den Flügeln, lassen sich

von den leichten Wellen hin- und herschaukeln. Der Hund und ich wecken sie; widerwillig und verschlafen breiten sie ihre Flügel aus und fliegen schlaftrunken auf. Der Hund rennt bellend in großen Sprüngen durch die Gischt, immer enger zieht er seine Kreise um mich.
Sobald ich wieder zu Hause bin, mache ich mich in meinem Elfenbeinturm an die Arbeit. Gegen Mittag höre ich auf und lege mich eine halbe Stunde in die Sonne.
Abschalten, umschalten. Die düsteren Gedanken, die aus meiner Erinnerung aufsteigen, müssen verscheucht werden. Leider kann ich mich nicht wie ein Hund schütteln und mit einem großen Satz in die Gegenwart zurückspringen. Ich gehe in die Küche und bereite das Mittagessen vor. Sonst bin ich eine faule Köchin, jetzt wende ich meine ganze Leidenschaft und Phantasie raffinierten Menus zu.
Pasta al forno mit Tintenfischsauce, *Spaghetti alla carbonara, alla puttanesca...* Bei der Zubereitung dieser kulinarischen Köstlichkeiten läßt meine innere Angespanntheit nach, den anderen läuft dabei das Wasser im Mund zusammen, so daß ihre Aufmerksamkeit abgelenkt wird, und so ist allen damit gedient. Mir bleibt dabei die Hoffnung, daß die Liebe bekanntlich durch den Magen geht und ich nicht nur Angst in den Menschen auslöse.

XVII

Der vierte Mai – die letzte Analysestunde. Ich bin bewegt, ich habe dieses Zimmer geliebt, das Licht, die Farben, die Gerüche. Vier Jahre habe ich hier mit ihm, meinem Analytiker-Geliebten verbracht. Die Analyse, die Liebe, das Glück, das Unheil, die Krankheit. *«Au revoir, Madame.» «Au revoir, Monsieur.»*
Wir haben beide Tränen in den Augen. In diesem Augenblick des Abschieds denke ich nur an alle guten Dinge, an alles Schöne, und es tut mit leid zu gehen. Am folgenden Tag ruft mich Bertrand an. Er sagt, daß er eine andere Frau kennengelernt hat, daß er sie schon seit einigen Monaten kennt, daß er beschlossen hat, sich von mir zu trennen und sie zu heiraten. Sie heißt Messaline.
Ich bin also allein, endgültig allein.

XVIII

Die Analyse ist zu Ende, mein Analytiker-Geliebter wird bald anrufen; vielleicht nicht gleich, ich muß Geduld haben.
Wie gewohnt fange ich an, ein kunstvolles Kartenhaus aus Entschuldigungen zu bauen. Ich suche Rechtfertigungen, erfinde Erklärungen und Interpretationen und mache mir Hoffnung, will verstehen, was ich überhaupt nicht verstehen kann. Diese totale Trennung – black out – unwiderruflich.
Nach der Trennung ist es mir nie wieder gelungen, eine dauerhafte Beziehung zu einem Mann zu entwickeln. Kaum ist ein Kontakt zustandegekommen, reißt er auch schon wieder ab; ich kann ihn nicht aufrechthalten; als müßte ich ihn so schnell wie möglich abbrechen, damit die Wartezeit so kurz wie möglich bleibt. Wie ein Strohfeuer, das zwar bis zum Ende lichterloh brennt, aber keine Dauer hat.

Meine Gedanken kreisen um meinen Analytiker-Geliebten, ruhelos, unaufhörlich, qualvoll. Ich denke mir aus, daß er sich absichtlich wie der Held aus Grimms Märchen *»König Drosselbart«* verhält. Vielleicht verdiene ich es, wie die hochnäsige Prinzessin aus dem Märchen behandelt zu werden. Geduldig warte ich auf den Anruf meines Königs. Und eine Woche vergeht, ohne daß ich über sein Schweigen beunruhigt wäre. Als er auch in der zweiten Woche nicht anruft, steigt meine innere Spannung. Wie die verstimmte Violine aus Mahlers zweiter Symphonie weint meine Seele.
Jeden Tag fiebere ich der Zeit zwischen zehn und elf Uhr entgegen, dann ist die Wahrscheinlichkeit, daß er mich anrufen könnte, am größten. Ich setze mich neben das Telefon. Bei jedem Klingeln krampft sich mein Herz zusammen. Ist er

es nicht, antworte ich kurz und lege so schnell wie möglich wieder auf. Das Fieber nimmt zu, die Ungeduld. Ich sehne mich nach seiner Stimme, der liebsten Stimme auf der Welt. Die Versuche, mich zu beruhigen, die steigende Aufregung zu kontrollieren, sind vergeblich. Es gelingt mir nicht. Um elf Uhr erreicht die Erregung ihren Höhepunkt. Gegen elf Uhr steigt er in sein Auto, um in die Praxis zu fahren. Danach läßt meine Spannung nach. Ich bin völlig erschöpft, nach diesem Orgasmus aus Angst und Leiden. Die Abendstunden sind die friedlichsten; er hat mich nie abends angerufen. Noch heute leide ich unter diesem unseligen Rhythmus, den er mir aufgezwungen hat, wie unter einer negativen Konditionierung.

XIX

Sechs Wochen.
Eines Morgens um zehn Uhr seine Stimme, endlich. *«Willst Du mich heute abend zum Essen bei Dir einladen?»* Ich bin entzückt und glücklich. Es ist Samstag. Ich habe mir immer gewünscht, einen Samstagabend, vielleicht ein ganzes Wochenende, mit ihm zu verbringen. Sofort beginne ich mit den Vorbereitungen. Ich nehme das Auto und mache die Besorgungen. Ich bin überzeugt, daß er endgültig zurückkommt. Ich bin überzeugt, daß meine Schwierigkeiten auf magische Weise verschwinden. Als ich mit meinen Einkäufen fertig bin und nach Hause fahren will, habe ich am Steuer einen heftigen Anfall. Ich muß anhalten und ein Taxi rufen. Ich lasse mich von dem Fahrer in meinem Auto nach Hause fahren.
Dank der Beruhigungsmittel geht es mir allmählich wieder besser. Ich kann mich auf den Abend freuen und mich den Vorbereitungen widmen.

Ein Sommerabend wie es ihn nur selten gibt. Mein Garten steht in voller Blüte, die Luft ist warm und erfüllt von der Süße blühenden Jasmins. Eine sommerliche Vollmondnacht. Ich decke den Tisch im Garten. Ich wähle ein besonders schönes Tischtuch aus. Ich habe den Wasserhahn aufgedreht. Zwischen dem Rhododendron scheint ein Bach leise zu plätschern. Zuerst gibt es geräucherten Lachs, anschließend Languste mit Kräutern, als Dessert ein Sorbet aus Passionsfrüchten und Himbeeren – und natürlich Champagner. Während ich auf ihn warte, werfe ich einen letzten Blick auf mein Werk und bin zufrieden – zufrieden mit der Inszenierung meines Sommernachtstraums.
Ich höre das Auto kommen – ich kenne das Motorgeräusch

genau wie eine Katze oder ein treuer Hund. Ich gehe hinunter, um ihm die Gartentür zu öffnen. Ich würde sein Auto am liebsten in die Garage stellen und verschließen, ihn nie wieder wegfahren lassen. Er hat mir einen Strauß der rosa Rosen, die ich so gern habe, mitgebracht. Sie heißen Lara. Er hat auch Champagner mitgebracht. Er nimmt mich in seine Arme, hebt mich hoch und trägt mich in den Garten, legt mich ins Gras. Wir sind glücklich, entspannt, verliebt. Das Leben scheint auf einmal so einfach zu sein. Die Erinnerung an mein Leiden, an die Schmerzen, Alpträume und Krankheiten verschwindet völlig. Wir unterhalten uns, als gäbe es keine Schwierigkeiten, Geheimnisse, nichts Unverständliches zwischen uns.

Nach dem Abendessen trage ich das Geschirr in die Küche. Als ich zurückkomme, ist er verschwunden. Ich suche ihn im ganzen Haus. Ich finde ihn nackt auf einem Sofa in einem der Zimmer. Leidenschaftlich und zärtlich lieben wir uns. Während ich im Bad bin, versteckt er sich wieder. Dieses Mal ist er in meinem Bett im Schlafzimmer. So lieben wir uns quer durch das ganze Haus.

Dann sieht er auf die Uhr auf meinem Nachttisch und zieht sich an. Ich bitte ihn zu bleiben und die Nacht bei mir zu verbringen.

Aber als ich mich diese flehenden Worte sagen höre, verachte ich mich selbst. Früher wäre ich niemals auch nur im entferntesten auf die Idee gekommen, einen Mann demütig zu bitten, bei mir zu bleiben. Ich schäme mich. Warum habe ich mich so verändert?

«Nein, ich kann nicht. Ich muß zu einer Hochzeit aufs Land. Sie ist meinetwegen auf Sonntag gelegt worden, weil ich Trauzeuge bin. Ich rufe Dich bald an.» Bevor er ins Auto

steigt, gibt er mir als Ferienarbeit Freuds Text «Jenseits des Lustprinzips.» «*Du übersetzt so gut aus dem Deutschen*». Er will einen Kommentar zu Text und Übersetzung schreiben und veröffentlichen. Ich habe die Übersetzung gemacht, er hat den Kommentar nicht geschrieben. Ich habe meine Übersetzung irgendwann einmal, als ich traurig war, zerrissen und in den Papierkorb geworfen.

Ich schaue dem Auto nach. Ich schließe die Gartentür. Mein Garten ist wieder leer, mein Bett ist leer, ich bin leer.
«*Un seul être vous manque et le monde est dépeuplé.*» Ein einziger Mensch geht, und die ganze Welt ist entvölkert.

Überall, wo wir uns geliebt haben, hängt sein Geruch wie ein Schleier in der Luft. Ich versprühe sein Parfüm, von dem ich mir eine große Flasche gekauft habe, damit sein Duft nicht verfliegt. Ich versuche, mich an alles zu erinnern, was er gesagt hat. Warum hat er gesagt, daß meine Katzen schlecht riechen und man sie braten sollte? Ich liebe meine Katzen sehr, und solche Witze verletzen mich. Ich bin glücklich, daß ich drei Katzen habe. Sie sind wunderschön; es sind Burma-Katzen mit weichem weißem Angorafell und schwarzer Zeichnung.
Ich liebe sie. Auch sie lieben mich, sogar wenn ich häßlich bin, wie in den letzten Monaten; sie lieben mich, wenn ich weine, wenn ich krank bin.
Wenn ich nach Hause komme, warten alle drei mit dem Hund am Eingang auf mich. Aber die Katzen tun so, als wären sie rein zufällig an der Tür. Ich begrüße zuerst den Hund, damit er sich beruhigt, dann nehme ich jede Katze einzeln auf den Arm, streichle und umarme sie und sage ihnen, wie

glücklich ich bin, sie wiederzusehen. Sie schließen die Augen, hören mir zu, antworten mir mit einem Schnurren und gehen dann zerstreut oder gerührt ihres Weges.
Sie helfen mir, nachts zu schlafen. Ich kann nicht mehr einschlafen. Schrecke hoch, nachdem ich gerade eingeschlafen bin und bin sofort hellwach. Es ist, als ob ich den Schlaf meiden müßte, als wäre Schlafen für mich gefährlich. Ich habe Angst zu schlafen und bin doch todmüde.
Ich liege im Bett und spüre ihre kleinen Körper an meinem Körper. Wenn ich mich bewege, bewegen sie sich auch, um sich ganz dicht an mich zu kuscheln. Die leisen Geräusche, die sie von sich geben; ihr Atem beruhigt mich. Die eine Katze leckt mich, wenn ich schlaflos den Kopf von einer Seite auf die andere werfe und mich einfach nicht entspannen kann. Sie leckt mich, als wäre ich ihr unruhiges Riesenbaby.
Da ist der Kater, der mich anders, erotischer liebt. Er legt sich mit Vorliebe zwischen meine Beine, öffnet sie mit zärtlichen energischen Kopfbewegungen und mit seinen Pfoten. Er schaut mich lange an. Mit halb geschlossenen Augen, wenn ich an meinem Schreibtisch sitze. Ohne daß ich ihn streichle, schnurrt er vor Glück, bei mir zu sein. Als ich mich neulich nackt auf die Terrasse in die Sonne gelegt habe, kam er und schmiegte sich an mich.
Vorigen Dienstag ist er fortgegangen, mein kleiner gestiefelter Kater, und ist nicht zurückgekommen. Und nachts gießt es in Strömen, es regnet den ganzen Tag, ein verfrühter Herbstregen.

Wo bist du, mein kleiner gestiefelter Kater? Du bist nicht weggegangen, um mich zu verlassen, da bin ich mir sicher. Du liebst mich viel zu sehr. Vielleicht hat dich jemand ge-

stohlen. Du bist so schön. Wenn du wüßtest, wie traurig ich bin. Du warst für mich mehr als ein Haustier. Wenn du nicht zurückgekommen bist, dann deshalb, weil du es nicht mehr kannst. Du bist immer zurückgekommen, auch wenn du nach deinen Kämpfen mit anderen Katern verwundet worden bist. Bevor du kastriert wurdest, hatte ich Angst, daß du bei deinen nächtlichen Kämpfen immer tollkühner würdest. Ich habe dir deine Wunden verbunden und dich getröstet. Oder ich habe dich zum Tierarzt gebracht, wenn deine Verletzungen zu schlimm waren. Mir wäre lieber, wenn dich jemand gestohlen hätte, auch wenn ich dich dann nie mehr wiedersähe. Dann lebtest du wenigstens noch, und dein schön weicher Körper wäre nicht verwundet.
Ach, wo bist du? Weißt du, daß ich dich überall suche, stunden-, tagelang, Tag und Nacht? Warte auf mich. Halte aus. Sei mir nicht böse, wenn es lange dauert, bis ich dich finde. Du weißt, daß ich dir immer geholfen habe. Dieser Regen, der nicht aufhört. Halte durch. Klammere dich an deine sieben Leben oder an das, was von ihnen noch übrig ist. Halt durch, mein geliebter gestiefelter Kater, ich komme.

Drei Wochen sind vergangen. Es ist Abend. Ich bin immer froh, wenn der Tag endlich zu Ende geht. Die Spannung läßt allmählich nach, die Übererregtheit, die mich am Tag besinnungslos trieb und hetzte, legt sich. Und auch die Grübeleien, dieser Zwang in mir zu graben, zu suchen, zu finden. Ich weiß nicht was. Vielleicht das Verständnis für das Unverständliche, Unbegreifliche. Oder mich durch einen unterirdischen Gang bis zu ihm hin durchgraben. Zu Tode erschöpft liege ich im Bett und entspanne, warte, daß der Krampf in mir sich löst und ich ein paar Stunden frei bin, leben kann. Mich stärken für den nächsten Tag.

Plötzlich klingelt das Telephon. Ich nehme ab und glaube die Stimme des Mannes meiner Putzfrau zu hören. *«Bonsoir, Seraphin.»* Wieso Seraphin, bin ich bereits nicht mehr von dieser Welt? Ich erkenne seine Stimme. Er meldete sich übrigens nie mit Namen. Eine Stimme, gurrendes Lachen. *«Wir treffen uns gleich in Paris. Ich muß Dich unbedingt sehen, sofort. Ich bebe vor Ungeduld.» «Aber ich liege schon im Bett.» «Das macht nichts, steh auf. Komm schnell, ich warte auf Dich.»* Ich kann der Versuchung nicht widerstehen, ihn wiederzusehen, seine Stimme zu hören, ihn zu berühren, mit ihm zu schlafen. Ich ziehe mich an, rufe mein Taxi und fahre los. An diesem Abend ist er sehr zärtlich. Ich habe wieder Hoffnung. Jetzt, da die Analyse zu Ende ist, wird sich doch alles ändern. Es gibt keine Hindernisse mehr. Als ich dann mit dem Taxi allein zurückfahre, bin ich nicht mehr so optimistisch. Wir haben Champagner getrunken. Ich bin erschöpft, beunruhigt, verzweifelt. Er weicht aus. Er bleibt unbegreifbar und verhält sich weiterhin so, als wäre er mein Analytiker. Als wäre ich immer noch bei ihm in Analyse.

Aber da ist noch etwas anderes. Irgendwann am Abend habe ich zu ihm gesagt: *«Du behandelst mich, als wäre ich ein Call-Girl. Du rufst, und ich muß kommen.» «Aber Du bist ein Call-Girl.» «Du könntest mich wirklich ein paar Tage vorher anrufen. Ich male mir aus, wie es sein wird, und ich bereite mich gern darauf vor. Ich möchte mich in aller Ruhe schön machen. Diese überstürzten Treffen verderben mir etwas die Freude.»* Und er lächelt: *«Weißt Du, ich bin wie ein Briefträger; entweder er kommt oder er kommt nicht. Man darf nie auf ihn warten.»* Dann hält er mir einen langen Vortrag über Selbständigkeit. Und während er darüber spricht, muß ich an seine Frau denken. Ich habe den Ein-

druck, daß sie sehr selbständig ist. Einmal sind wir nach einer Sitzung mit ihrem Auto zu mir gefahren, um zusammen zu schlafen. Ich habe vor ihm die Praxis verlassen. Er hat mir klar gemacht, daß die Concierge, die mich als «Drei-Mal-in-der-Woche-Patientin» kennt, und die anderen Hausbewohner nicht sehen dürfen, daß wir zusammen das Haus verlassen.
Natürlich, er hat Recht, wir dürfen nicht zusammen gesehen werden. Ich hatte vergessen, daß unsere Situation etwas delikat ist.
Ich verließ das Haus also allein, und er kam mit dem geheimnisvollen Auto seiner Frau nach, das damals in meiner Analyse und in meinen Phantasien eine wichtige Rolle gespielt hat. Ich fühlte mich in diesem Auto nicht wohl. Ihn neben mir zu sehen, wie er dieses Auto fährt und ich an der Stelle seiner Frau sitze – ich war zwar glücklich, aber mir war auch unbehaglich. Ich fühlte mich als Siegerin und Schuldige. Bewunderung, Verachtung, Neid. Sie hatte alles, was ich nicht hatte und mir so wünschte. Ich liebte ihren Mann, sie lebten zusammen, hatten Kinder. Sie war meine Rivalin. Eine Rivalität, die mich umsomehr quälte, als ich diese Frau nicht kannte, nur oft gesehen hatte, mich von ihr erkannt und verfolgt fühlte. Eine Rivalität, aus der ich notwendigerweise als Verliererin hervorgehen mußte. Ich hatte keine Chance, meine Vergangenheit, die analytische Situation und unser gemeinsames Verbrechen – ich war gefangen und verloren. Überwältigt. Aber hatte mein Analytiker-Geliebter nicht während einer Sitzung einmal zu mir gesagt: «Man muß versuchen, die Sache von der richtigen Seite anzupacken.» Die richtige Seite – das war leicht gesagt. Was für eine richtige Seite? Wie sollte ich es anfangen, mich gegen die Wirklichkeit und gleichzeitig gegen den Druck meiner Kindheits-

phantasien durchzusetzen? Während ich auf der Couch lag und einsamer war denn je zuvor?
Ich sehe von weitem das Haus, in dem ich wohne. Ein schiefes Haus. Ein Puppenhaus. Ich spreche mit dem Architekten, weil ich mir große Sorgen mache. Man kann auf den schrägen Fußböden nicht aufrecht stehen. Ich finde, daß die Wohnungswände nicht stabil genug sind. Der Architekt beruhigt mich. Ich bestehe darauf, daß unbedingt Türen eingebaut werden müssen, denn ich habe bemerkt, daß es zwischen den einzelnen Zimmern keine Türen gibt. Und auch keine Fenster.

Mein Verhältnis zu Frauen war nie einfach. Zuerst war da meine Mutter. Sie hat immer versucht, mich in der Fusionsbeziehung der ersten Lebenszeit zu halten und mich weiter an sich zu binden. Ich wollte schon früh «allein» sein, auf Wanderschaft gehen, in den Garten und weiter, dorthin, wo es andere menschliche Beziehungen gab, aber es gelang mir selten, mich ihrer Kontrolle zu entziehen. Sie war eine schöne begabte Frau. Ich liebte sie, hatte aber das Gefühl, von ihr gefangen zu sein, in einem Hexenkreis zu leben, aus dem es kein Entrinnen gab. Körperlich nicht, seelisch nicht. Denn alles, was sie für mich tat, aus Liebe, wie sie mir immer wieder versicherte, war gegen mein Bedürfnis gerichtet, unabhängig und selbständig zu werden. Ich glaube, daß ich die Tatsache, geboren zu sein in einer Ehe mit einem ungeliebten Mann, meinem Vater, «wiedergutmachen» müßte, indem ich ihr Aschenbrödel würde, nur ihr allein gehörte. Oft sagte sie zu mir, daß meine Geburt ihre Karriere zerstört hätte. Ich lehnte mich auf, wollte nicht ein Leben lang in diesem Streß des Saugens und Säugens hin- und hergebeutelt werden. Ich wollte das Schlachtfeld verlassen, auf dem der Machtkampf, der Kampf auf Leben und Tod, ausgetragen wurde. Ich wollte frei werden, frei sein, das Lager wechseln, einen neutralen Raum der Verständigung über Worte und Sprache finden.

Ich entfloh meiner Mutter, indem ich in meiner freien Zeit und während der Ferien, wenn ich zu Hause in ihrer Nähe sein mußte, Übersetzungen aus dem Lateinischen gemacht und mathematische Aufgaben gelöst habe.

Die Mutter, die ich liebte, war die, die Klavier spielte.

Ich erinnere mich noch genau an die glücklichen Abende, als ich noch ein kleines Kind war, im Bett lag und meiner Mutter zuhörte, wenn sie spielte. Mozart, Bach, Chopin und Brahms, meine Lieblingskomponisten seit meinem dritten Lebensjahr sangen mich in den Schlaf.

Ich war nicht so, weil ich sie nicht liebte, im Gegenteil: Ich mußte eine Distanz schaffen zwischen ihr und mir, die mir die Freiheit und die Möglichkeit geben sollte, etwas anderes zu machen, als nur Herz an Herz, Körper an Körper mit meiner Mutter zu leben. Ich brauchte die Distanz, um die Nähe aufzuheben, die mich lähmte und mir jegliche Energie und Lebensfreude nahm.

In der Beziehung zu meinem Analytiker-Geliebten ist diese gefürchtete Ur-Nähe wieder freigesetzt worden und trieb ihr Unwesen wie der Geist in der Flasche. Und keiner von uns beiden konnte sie kontrollieren. Durch die Verletzung des analytischen Paktes haben wir eine Kettenreaktion ausgelöst, die wir nicht mehr aufhalten konnten.

Und so bin ich wieder zum Säugling geworden war. Er verließ mich, überließ mich mir selbst. Lange vor meiner ersten großen Krise hatte ich einen merkwürdigen Traum: Wir, mein Analytiker und ich, waren Falschmünzer, geradewegs dabei, Falschgeld herzustellen. Es war mir peinlich, den

Traum in der Analyse zu erzählen. Ich tat es trotzdem, doch er lenkte ab.
Meine ersten Liebesbeziehungen verliefen glücklich. «Pyramus».
In der Schule nahmen wir gerade die *«Metamorphosen»* durch, und dieser schöne junge Mann, den ich regelmäßig an meinem Gymnasium vorbeigehen und dann durch das große Portal die juristische Fakultät gegenüber betreten sah, ließ mich von Pyramus träumen. Ich war Thisbe; das schreckliche Ende der beiden Liebenden hatte ich wohl vergessen. *«Pyramus et Thisbe iuvenum pulcherrimus alter, altera quae oriens habuit, praelata puellis...»*
Er gefiel mir mit seinen schwarzen lockigen Haaren und seinen dunklen Augen. Aber ich war erst 15 Jahre alt, er mindestens schon 20. Außerdem hatte ich Zöpfe, gräßliche Sandalen und einen alten, zu kurzen Rock. Die Fahrten zur Schule und am Abend nach Hause bekamen plötzlich einen unbekannten Zauber. Die Schulbücher blieben in der Mappe, ich saß in einer Ecke, sah aus dem Fenster und träumte. Werde ich ihn sehen, werde ich ihn nicht wiedersehen? Wird er mich eines Tages, wenn ich groß bin, lieben? Es war das erste Mal, daß ich an einen Mann dachte, und ich dachte viel an ihn. Es kam vor, daß ich ihn in Begleitung einer Frau sah, dann war ich traurig und eifersüchtig. Es kam vor, daß ich ihn wochenlang nicht sah, mitunter aber jeden Tag. Dann war er auf einmal verschwunden.
Nach meinem sechzehnten Geburtstag durfte ich mir endlich die Haare abschneiden und hohe Absätze tragen. Meine Klasse hatte mit den Jungen von dem gegenüberliegenden Gymnasium Tanzstunde. Einmal in der Woche gingen wir zu einer alten Dame, die so alt nicht sein konnte, denn sie lebt heute noch. Sie war groß, schlank und elegant und hielt in ihren feinfühligen Händen die Fäden des gesellschaftlichen

Lebens. Sie organisierte Bälle und Tanztourniere und ließ es sich nicht nehmen, hin und wieder Schicksal zu spielen, wenn ihr zwei Menschen füreinander geschaffen zu sein schienen.
Ich hatte das Glück, ihr zu gefallen, und so nahm sie mich unter ihre Fittiche, um das häßliche kleine Entlein in einen schönen Schwan zu zu verwandeln.
Sie machte mir Mut, denn ich war schüchtern und scheu. Sie führte mich überall ein. Ihr ist es zu verdanken, daß ich bald zu den begabtesten jungen Mädchen gehörte und zu allen Festen eingeladen wurde. Ich wurde eine sehr gute Tänzerin.
Sie hat uns sogar den Hofknicks beigebracht, was mir zustatten kam, als ich später dem König und der Königin von Spanien vorgestellt wurde. Eines Tages erhielt ich kurz nach Weihnachten eine Einladung zum alljährlichen Ball der juristischen Fakultät. Die Einladung kam von ihm, von Pyramus. Mein sehnsüchtigster Traum war in Erfüllung gegangen. Pyramus hatte das kleine Mädchen mit den blonden Zöpfen aus dem Zug auch bemerkt. Er dachte, daß es sich vielleicht lohnte, zu warten, bis es ein bißchen älter geworden sei.
Ich bin also zu meinem ersten Ball mit Pyramus gegangen. Ich war glücklich, überglücklich. Und behutsam machte sich meine erste Liebe in meinem Leben Platz.
Jeden Morgen wartete Pyramus auf mich und begleitete mich zur Schule. Am Ende des Unterrichts holte er mich wieder ab und brachte mich abends zurück. Fast jeden Nachmittag waren wir zusammen in der juristischen Bibliothek. Er bereitete sein Staatsexamen vor und ich mein Abitur.
Ich liebte diese konzentrierte Arbeitsatmosphäre. Die Stille wurde nur vom Geräusch der über das Papier gleitenden

Feder, dem Rascheln der Heft- und Buchseiten und rücksichtsvollem Geflüster unterbrochen.
Wir machten lange Spaziergänge im Wald. Oft gingen wir tanzen. An solchen Abenden blieb ich bei Freunden, weil so spät keine Züge mehr fuhren.
Als er mich eines Tages zum Abschied zärtlicher und leidenschaftlicher als sonst küßte, durchströmte mich ein fremdes Gefühl. Ich wußte nicht, ob es Schmerz war oder Schmerz-Lust. Pyramus nahm mich fester in seine Arme. Wir lehnten uns an die Haustür, um nicht zu fallen. In dieser Nacht konnte ich nicht einschlafen. Ich hatte Angst. Ich hatte ein schlechtes Gewissen. Ich wollte Pyramus nie wiedersehen. Er hat gewartet, lange und geduldig. Wir haben uns eines Tages zufällig wieder getroffen. Und er hat mir alles erklärt.
Wir haben versucht, dieses wunderbare geheimnisvolle Gefühl wiederzufinden. Heimlich traf ich mich mit ihm in seinem Studentenzimmer. Manchmal stieg ich auf einen kleinen Hocker, um ihm näher zu sein. Wir haben uns nie berührt, nie ausgezogen, wir haben nie zusammen geschlafen. Als er mit seinem Studium fertig war, mußte er die Stadt verlassen. Er wollte mich heiraten und mich mitnehmen. Ich war 19 Jahre alt. Ich wollte studieren. Ich hatte keine Lust, so jung zu heiraten.

Als ich Bertrand kennenlernte und mich in ihn verliebte, ist der Mechanismus in Gang gekommen. Während der ersten Monate verlief alles normal. Ich war glücklich, er auch – zumindest hatte ich den Eindruck. An einem Abend im Juli, kurz bevor wir in die Ferien fuhren, bat er mich, seine Frau zu werden. Ich war glücklich. Von diesem Augenblick an hat sich alles verändert. Ich hatte den Eindruck, daß unsere Be-

ziehung zu einem Spiel wurde, dessen Regeln er bestimmte
– ein merkwürdiges Ballett, bei dem ich ihm folgen mußte,
ohne die Tanzschritte zu kennen, bei dem ich mit ihm und
für ihn tanzen mußte. Die Choreographie war mir unbekannt; sie entstand oder entwickelte sich in seiner Phantasie,
ohne daß ich daran hätte teilnehmen können. Ein Schauspiel
auf einer Drehbühne, das Dekor aus Marmor und bunten
Federn, in dauernder Veränderung. Ich verlor mich zwischen immer neuen, unbekannten Dingen, wehenden
Schleiern. Bertrand hatte etwas von einem Zauberkünstler,
und in seinem Hut hielt er stets Überraschungen und Rivalinnen bereit. Ich fand es schade, daß er nicht Regisseur geworden ist. Seine Filme wären merkwürdig und interessant
geworden. Vielleicht ein bißchen in der Art von Fellini, aber
weniger sinnlich, transparenter, grausamer.
Er hielt mir von weitem ein Bild vor Augen und versprach,
mich zu lieben, würde ich dem Bild gleichen. Ich rannte
dem Bild hinterher, verkleidete mich – aber vergebens. War
ich einmal am Ziel, hatte sich das Bild schon verändert, der
Wettlauf begann von neuem. Ich geriet außer Atem und kam
mir immer mehr wie ein Chamäleon vor, aber das auswechselbare Bild lockte mich weiter und weiter, und ich verlor
mich immer mehr.

Eines Tages war ich schwanger; ich war glücklich. Er nicht.
Er hat mich nach London gebracht und mich wegen des Papierkrams bei einem befreundeten Psychiater abgesetzt.
Gleich danach ist er in die Skiferien gefahren. Ich lief weg
und irrte durch London. Plötzlich blieben meinen Augen an
einer großen Handtasche aus Krokodilleder hängen, die im
Schaufenster eines Lederwarengeschäfts auslag. Sie war
nicht besonders schön, aber sehr teuer. Bertrand hatte mir

viel Geld dagelassen. Ich wollte die Tasche unbedingt haben. Schließlich kaufte ich sie und wußte nicht, warum. Oder vielleicht doch. Ich wollte mich mit meinem Baby darin verstecken.
Nach der Abtreibung hatte ich lange Zeit leicht erhöhte Temperatur und träumte immer denselben Traum: Ein Krokodil verfolgt mich. Ich schwimme im Amazonas. Ich schwimme um mein Leben, denn von der einen Seite sind es die Piranhas, die mich jagen, und von der anderen das Krokodil. Ich spürte die spitzen Zähne der Piranhas in meinem Bauch. Es tut sehr weh, und ich wache von meinen eigenen Schreien schweißgebadet auf.

Als Bertrand dann heiratete, ist mir klar geworden, daß es seiner Frau in ganz kurzer Zeit gelungen war, was ich umsonst versucht hatte, jahrelang. Sie hatte ihn überzeugt, daß nur sie die Frau war, deren Bild er in seinen Träumen sah und im Leben suchte. Es ist also alles nur eine Frage der Reklame. Ich beneide diese Frau, ich wäre gern so geschickt wie sie. Was für eine schlechte Werbeagentin war ich doch in eigener Sache. Wie schlecht war die Werbung, die ich für mich selbst machte. Wie sehr hatte ich mir gewünscht, eine tiefe und dauerhafte Verbindung zu schaffen. Mit Bertrand bin ich gescheitert, mit meinem Analytiker-Geliebten, mit dem einen wie mit dem anderen.

Undine, allein am Strand, in ihren Händen Gischt, Sand, der ihr zwischen den Fingern zerrinnt. Undine, allein mit ihrem Traum, sie selbst ein Traum, Gischt, vom Meer weggespült.
Seit einigen Wochen schaue ich die Fernsehserie Dallas an. Jetzt verstehe ich endlich, was meiner «éducation sentimen-

tale» gefehlt hat. So bin ich zu einer Traum-Frau geworden, unfähig, den Traum Wirklichkeit werden zu lassen, mir einen Platz in der aus dem Traum geborenen Wirklichkeit zu erobern, ihn zu behalten und, wenn nötig, auch zu verteidigen. Unfähig, aber auch unwissend. Denn ich weiß wirklich nicht, wie man etwas anderes wird als ein Traum.
Auch Bertrand hat nur von mir geträumt, vom ersten bis zum letzten Tag. Ich kann ihm nicht einmal vorwerfen, daß er mich nicht geliebt hat. Darum geht es nicht, darum geht es überhaupt nicht. Es geht um etwas ganz anderes. Es ging darum, daß es kein Programm gab, kein Schema, keinen Kanevas, den ich hätte besticken können, keinen Entwurf für meinen Hausbau.
Ja, darum geht es. Mir fehlt dieser Entwurf, die Konsistenz, der andere findet nichts «Haltbares» in mir. Bertrand war Werbeagent. Nachdem wir uns kennengelernt hatten, tauchte ich überall in seinen Kreationen auf. Die tadellos frisierte und geschminkte Frau, deren Schönheit streng und gekünstelt wirkt, verschwand und wurde durch eine Frau, die mir ähnlich sieht, ersetzt: natürlich, schön, aber nicht perfekt, phantasie- und geschmackvoll gekleidet, aber nie zu elegant. Eine Frau, die in Bewegung ist, die mit dem Wind und den Muscheln spielt, zu den Tieren spricht und die Blumen versteht. So war ich Herrscherin über seine Träume. In seinem wirklichen Leben bin ich nie seine Königin geworden. Mme Bertrand Turier ist eine andere. Und überall sehe ich diesen Namen: Monsieur und Madame Bertrand Turier.

Nach der kurzen Fahrt im Auto der Frau meines Analytiker-Geliebten habe ich geträumt, sie auf der Straße zu treffen und mit einem Revolver auf sie zu schießen. Ich habe ihm

diesen Traum in der darauf folgenden Sitzung erzählt. Ich erinnere mich, daß er ihn in einem eher positiven Sinn gedeutet hat, aber ich erinnere seine Worte nicht mehr genau. Ich habe ihm gesagt, daß ich mir gleichzeitig gewünscht habe, die Fahrt in diesem magischen Auto möge so schnell wie möglich und nie zu Ende gehen.
Das Taxi setzt mich zu Hause ab, und ich bleibe noch lange am Fenster sitzen. Ich betrachte die Äste der Bäume, wie sie sich in den Himmel krallen, ich betrachte die dahinziehenden Wolken, wie sie mit bleckenden Zähnen und zurückgezogenen Lefzen den Mond verfolgen. Als ich mich endlich hinlege, bleibe ich lange wach.

Ich schwimme im Mittelmeer in der Nähe der Costa Smeralda auf Sardinien. Das Meer ist außergewöhnlich blau und bewegungslos; es ist so ruhig, daß ich mich mit dem Gesicht im Wasser an der Oberfläche treiben lassen und dabei die Pflanzen betrachten kann, die Algen, die sich anmutig in der Strömung wiegen, die kleinen, bunten, silbrig- und goldglänzenden Fische, einzeln oder in Schwärmen. Ich entdecke unterseeische Grotten; im Dunkel verstecken sich große Fische mit unförmigen Köpfen, wahre Ungeheuer, die den kleineren Fischen auflauern, um sich auf sie zu stürzen und sie zu verschlingen. Es wachsen rote Blumensträuße, schöne und gefährliche Seeanemonen, fleischfressende Orchideen. Ich kann mich auf dem Wasser aufstützen. Es ist eine Substanz, die sich angenehm anfühlt, ähnlich wie Marmor, aber geleeartig. Ohne Schwierigkeiten komme ich heraus. Ich gleite an die Oberfläche und aus dem Wasser, zuerst der Kopf, dann der Oberkörper, ich strecke meine Arme zum Himmel, ich fühle mich immer freier und glücklicher. Plötzlich entdecke ich über mir noch weit entfernt die Silhouette eines Vogel, den ich für einen Adler halte. Er zieht seine Kreise, kommt näher, fliegt immer tiefer. Es ist kein Adler, sondern ein schwarzgefiederter Geier mit Fledermausflügeln. Bald ist er über mir und fixiert mich mit seinen durchdringenden Augen. Er ist riesengroß, ich habe Angst. Plötzlich stürzt er auf mich herab, und ich erkenne das Gesicht meines Analytiker-Geliebten. Er faßt mich mit seinen Fängen, ergreift mich am Kopf und taucht mich unter. Ich wehre mich vergeblich; er drückt mich unter das Wasser, und ich ersticke.

XX

Hoffentlich sehe ich Jean noch, bevor ich in die Ferien fahre. Er kann doch nicht wegfahren, ohne daß wir uns vorher noch einmal sehen. Doch, er kann. Der Tag meiner Abreise ist gekommen. Ich habe keine Lust mehr wegzufahren. Ich würde mich am liebsten in mein Bett verkriechen; schlafen, schlafen und vergessen. Ich zwinge mich, die Koffer zu packen. Ich muß mich zwingen, abzureisen. Bevor ich aus dem Haus gehe, nehme ich vorsichtshalber eine Beruhigungstablette mehr als sonst. Auf dem Flughafen bin ich dem Zusammenbruch nahe; ich schleppe mich bis zum Flugzeug. Ich will weiter, weiter, fort.
Bei meiner Ankunft wartet ein Taxifahrer auf mich, den ich schon lange kenne. Er bringt mich in ein hübsches, kleines Dorf am Mittelmeer, in dem ich viele glückliche Ferien verbracht habe.
Die Hotelbesitzerin freut sich, mich wiederzusehen; sie fragt, warum ich so schlecht aussehe. Constanza, das Zimmermädchen, umarmt mich. Wie immer hat sie für mich ein Glas Feigenmarmelade aufgehoben, die sie selbst gekocht hat und mir jeden Morgen zum Frühstück gibt; sie weiß, wie gut mir diese Marmelade schmeckt. Ich bin erschöpft. Ich gehe sofort ins Bett. Am nächsten Morgen fühle ich mich besser. Ich hoffe, daß der Zauber des Mittelmeers meine Melancholie vertreibt. Erinnerungen an glücklichere Ferientage, die unter den Dächern der Häuser und in den Straßen nisten, fliegen zu mir, leisten mir Gesellschaft und heitern mich auf.
Ich setze mich an die Kirche und fühle mich geborgen und wohlbehütet wie ein kleines Küken unter den Fittichen sei-

ner Mutter. Ich betrachte das Meer, das zu meinen Füßen liegt, die Blumen in den Gärten, die Bougainvillea, rosa, malvenfarben, weiß leuchten sie in der Morgendämmerung. Der leichte Schleier über dem Meer schillert in ihren Farben.

Ich habe das Gefühl, freier atmen zu können, etwas von diesem Glücksgefühl zu finden, das allein mir gehört und ganz von selbst in mir entsteht, eine innere Freude, die ich in letzter Zeit fast verloren habe. Nach dem Frühstück gehe ich aus dem Haus und schlendere durch die engen schattigen Gassen. Die Männer sind schön. Ihre schwarzen Locken, ihre stolze Haltung; man sieht ihnen an, daß sie alle Lieblingskinder ihrer Mütter sind. Die Frauen sind schön in ihrer Weiblichkeit. Sie sind selbstsicher und wissen genau, daß ihre Ehemänner zwar flatterhaft sind, sie aber ihre Vorrangstellung als Ehefrau und Mutter behalten. Die Liebe ihrer eigenen Söhne entschädigt sie immer.

Eine Hitzewelle kommt. Die Hundstage des Ferragosto. Ich habe Angst vor der Angst, fürchte mich, daß es mir wieder schlecht gehen könnte, die Hitze greift mich an. Manchmal denke ich, daß ich nur glücklich sein kann in der Spanne zwischen zwei Anfällen, dem winzigen Freiheitsraum zwischen dem Ende des einen und dem Anfang des nächsten.
Ich versuche so zu leben wie immer und gehe morgens an den Strand. Nachmittags bleibe ich nach der Siesta in meinem Hotelzimmer. Ich lese, arbeite oder gehe zu Freunden, um Klavier zu spielen oder zu plaudern.
Meine Freunde haben ein altes, sehr schönes, arabisches Haus.
Dicke Steinmauern schützen vor der Hitze, das kühle Halbdunkel schafft eine geheimnisvolle Atmosphäre. Es ist von

Gärten umgeben, die terrassenartig angelegt sind, und in denen die Blumen aus tausendundeiner Nacht blühen. Dort stehen die Feigenbäume mit ihren köstlichen schwarzen Feigen, die ich am liebsten direkt vom Baum esse, trinke, küsse, lutsche. Meine Freunde erzählen mir von einem Cousin, der Psychoanalytiker ist, sich in eine seiner Patientinnen verliebt, die Analyse abgebrochen hat, sich scheiden ließ und bald heiraten wird. Es ist also doch möglich.
Es ist also doch möglich, ich denke ununterbrochen an Jean. Ich stelle mir vor, daß er mit seiner Frau und seinen Kindern vielleicht ganz in der Nähe ist. Daß sie spielen, schwimmen, lachen, sich unterhalten und sich lieben, als gäbe es mich überhaupt nicht. Kein Platz für mich. Nirgendwo. Eines Morgens fühle ich mich schlecht. Ich zwinge mich, aus dem Haus zu gehen, an den Strand, ein bißchen zu schwimmen. Vielleicht erfrischt mich das Meer und bringt mich auf andere Gedanken.
Kaum bin ich im Wasser, ist mir, als müßte ich sterben. Mir ist schwindelig, alles dreht sich. Angst. Ich krieche aus dem Wasser, stolpere, falle hin, mein Herz klopft heftig, immer schneller. Nur nicht auf dem Boden liegen bleiben, mein Gott, nur aufstehen und ins Hotel zurückgehen. Die Leute sollen nicht merken, was mit mir los ist.
Ich lege mich unter einen Sonnenschirm. Aber ich schaffe es nicht, liegen zu bleiben; es hetzt mich, ich muß fliehen. Ich habe das Gefühl, in einen Strudel hineingerissen zu werden, feuchter erstickender Nebel. Ich schleppe mich zum Hotel. Es sind glücklicherweise nur ein paar Schritte. Aber es kommt mir wie eine Ewigkeit vor. Ich gehe ins Restaurant; vielleicht tut es mir gut, wenn ich etwas esse. Ich setze mich an einen Tisch. *«Du hast wie die Santafina von Ghirlandaio auf ihrem Sterbebett ausgesehen»*, sagte mir später eine Freundin.

Ich finde mich ausgestreckt auf einer Chaiselongue im hinteren Teil des Restaurants wieder. Vittorio, der Kellner, betupft mir das Gesicht mit einem Essig getränkten Taschentuch, eine Frau
klopft mir auf die Backen, eine andere legt mir Eiswürfel auf die Stirn. Ich werde in mein Zimmer getragen, der Arzt kommt.
«Nichts besonderes, ein Sonnenstich. Bleiben Sie im Bett. Reisen Sie ab, wenn es Ihnen besser geht und lassen Sie sich untersuchen; es gibt dieses Jahr im Mittelmeerraum viele Viruskrankheiten.»
Ich will abreisen, nie wieder an diesen Ort zurückkehren, der lange Jahre mein Paradies war. Es ist alles vergiftet, mein Körper, meine Seele, das Meer, das Dorf.
Ich muß einige Tage im Bett bleiben, bis ich wieder aufstehen und die Strapazen der Reise auf mich nehmen kann.
Ich bin so müde und erschöpft, ich kann kaum noch laufen. Aber die Unruhe läßt nicht nach, quält mich, macht mich ganz verrückt, und ich kann nichts gegen den unaufhörlichen Drang tun, fliehen zu müssen.
Sobald ich mich ein wenig besser fühle, rufe ich meinen Taxifahrer. Er trägt mich auf seinen Armen bis zum Auto, fährt mich zum Flughafen und überläßt mich der Pflege einer Stewardeß. Der Flug ist lang und ermüdend.

Endlich wieder zu Hause, in meinem Schlafzimmer, im Bett. Der Arzt stellt eine virale Bauchspeicheldrüsenentzündung fest, und ich bin lange schwer krank. Jean hat mich nie besucht. Er hat mich nie angerufen.

Aufheulende Flugzeuge, pfeifende Bomben, noch ein Bombenangriff. Alles ist zerstört, überall Ruinen, überall Schutt und Trümmer. Ich habe alles verloren. Was mich aber am meisten bedrückt, ist, daß ich meinen Schmuck verloren habe. Ich suche weiter. Ich will ihn unbedingt wiederfinden und in ein kleines grünes Lederkästchen legen. In den Trümmern verstreue ich weiße und graue Perlen. Ich lese sie auf, behalte aber nur die weißen, weil ich weiß, daß die grauen falsch sind.

XXI

Ich gehe von einem Arzt zum anderen. Ich werde nicht gesund.
Eine Reise, ein Leidensweg durch die Folterkammern der modernen Medizin. Lange Wartezeiten in dunklen Krankenhausgängen, überall bleiche, farblose Gesicher, leblose Gestalten. Alle sprechen sie von ihren Symptomen und erzählen von ihrer Krankheit, als handele es sich um die Geschichte einer Liebe. Lange Krankenhausgänge, hallende Schritte, Trennwände, hinter denen sich der Tod versteckt. Sorgfältig werde ich in Scheiben zerlegt. Ich bringe den Geigerzähler auf Hochtouren, ich steige auf ein Fahrrad, überall an mir kleben runde Heftpflaster mit Gummikabeln. Ich zeichne kleine Leuchtpunkte auf einen dunklen Bildschirm, die wie Bienen summen, einer hält den anderen fest, wie die Elefanten im «Dschungelbuch», dem Film von Walt Disney, Rüssel an Schwanz stampfen sie durch den Urwald, Rüssel an Schwanz. Mein Blut füllt tropfenweise Fiolen für die Retorte der Laboratorien. Ich werde wie eine Mumie auf einer Schwenkliege festgeschnallt, bekomme einen Schlauch in eine Arterie gesteckt und werde ruckartig vom Kopf auf die Füße und zurückgedreht, als wollte man eine Astronautin aus mir machen.
Am nächsten Tag werde ich wider Willen zum Schwertschlucker oder wie ein Insekt aufgespießt, bekomme einen weiteren Schlauch in den Hals, eine Magen- und Zwölffingerdarmsonde.
Bei einer dieser Untersuchungen habe ich eine bemerkenswerte Erfahrung gemacht. Man hat mir Insulin gespritzt. Der Arzt warnte mich vorher, daß ich vielleicht ohnmächtig

würde, daß mich das aber nicht zu beunruhigen bräuchte, weil man mit Glukose sofort gegenwirken könnte. Ich liege also ruhig auf einem Bett und lese. Allmählich verschwimmen die Buchstaben und verschwinden schließlich ganz. Ich kann die Wörter nicht mehr entziffern. Die Möbel, die Krankenschwestern und die Ärzte rücken langsam weg. Ich habe das Gefühl, irgendwo im Raum zu hängen und dahinzutreiben, es wird alles ganz unwirklich. Die Welt ist nicht mehr erreichbar, verschwindet in dichtem Nebel. Der Arzt gibt regelmäßig die sinkenden Blutzuckerwerte bekannt. Ich merke, wie ich langsam ins Nichts abgleite. Auf einmal bäumt sich mein Wille auf. Ich will nicht ohnmächtig werden. Ich bin entschlossen, mich nicht mitnehmen zu lassen. Es gelingt mir, mich zu fangen, ich entspanne mich, habe mich wieder unter Kontrolle. Die Nebel lösen sich langsam auf, die Umrisse der Gegenstände werden wieder klar.
Ich höre die Stimme des Arztes, ich erkenne ihn, er beugt sich über mich. Ich habe gewonnen! Ich habe ein chemisches Mittel besiegt. Ich freue mich und gehe bald allein in mein Zimmer zurück.

Ich habe die Krise während einer medizinischen Untersuchung bewältigt, aber es gelingt mir nicht, meine Anfälle unter Kontrolle zu bringen. Ich verstehe diesen Widerspruch nicht. Es bleibt die Krise und die Angst vor der Krise. Dennoch war diese Erfahrung notwendig und positiv. Ein erster Erfolg, ein erster Sieg im Kampf mit mir selbst. Keine der Untersuchungen brachte ein Ergebnis, das die Anfälle und die Erschöpfungszustände hätte erklären können. Von allem ein bißchen, aber nichts Bestimmtes. Ich muß mit meinem Elend weiterleben. Schließlich gehe ich zu einer Heilerin.

Sie sitzt vor ihrem Schreibtisch, wie auf einem Thron in magischer Aura. Sie schaut mich an. *«Sie sagen nichts. Ich werde Ihnen alles über Sie sagen. Alles über Sie und Ihre Krankheiten!»* Das Telefon klingelt, sie antwortet mit nachdenklicher Stimme: *«Ja, ja.»* Wie eine Blinde streckt sie mit geschlossenen Augen ihre Hand aus und folgt ihren inneren Bildern, ihren Gesichten, ihr zweites Gesicht. *«Ich sehe ihn in einer Sackgasse im 18. Arrondissement von Paris. Mehr kann ich Ihnen nicht sagen. Benachrichtigen Sie umgehend die Polizei. Man muß ihn dort suchen.»* Dann wendet Sie sich an mich, ihre Stimme wird hart und herausfordernd. *«Wissen Sie, ich arbeite auch für die Polizei. Es geht um ein entführtes Kind.»* Ich versuche, Bewunderung auszudrücken. *«Sie sind sehr krank. Sie haben Krebs. Aber mit meiner Hilfe werden Sie gesund. Nächstes Mal magnetisiere ich Sie. Sie sind von jemandem besessen. Irgendjemand hat sie mit schwarzer Magie verhext.»* Ja, sie hat Recht, besessen, das bin ich. *«Ich kenne einen Exorzisten. Er ist Ägypter und er ist gut, er wird Sie heilen.»* *«Nein, ich will zu keinem Exorzisten.»* *«Aber ich versichere Ihnen, er ist sehr billig.»* *«Ich will nicht. Das ist keine Frage des Geldes. Ich glaube nicht an Exorzismus.»*

Es ist keine Frage des Geldes, eher eine Frage der Abhängigkeit. Ich will nicht noch in eine Beziehung geraten, die mich meiner Unabhängigkeit und Freiheit bzw. dessen, was davon noch übrig geblieben ist, beraubt. Es ist nicht viel, aber ich will die wertvolle Erinnerung behalten und den Wunsch, sie zurückzuerobern.

Dann fährt sie mit ihrem Pendel über eine Medikamentenliste. Wo es ausschlägt und stehen bleibt, wählt es die Medizin aus, die mich heilen soll. Es sind alles Alkohollösungen. Ob sie mich gesund gemacht hätten, weiß ich nicht. Aber nach derartigen Mengen von Alkohol wäre ich sicher noch zur Alkoholikerin geworden. Ich werfe sie alle in den Mülleimer. Ich gehe nicht mehr zu ihr. Krebs – habe ich denn wirklich Krebs, wie sie gemeint hat? Eine Weile lang beunruhigt mich dieser Gedanke, dann verscheuche ich ihn energisch.

Eines Tages finde ich endlich einen Arzt, zu dem ich Vertrauen haben kann. Es ist um ihn ein Frühlingswind, der Freude und Leben verbreitet. Die anderen Ärzte hatten vor allem Angst um mich und Angst vor meiner Angst. Und um sich gegen diese Angst verteidigen zu können, haben sie mit Medikamenten gekämpft. Für das Herz, gegen zu hohen Blutdruck, gegen dies und das. Mir wurde auch gesagt, ich sollte jedes Mal, wenn ich meine Krisen habe, ein Stückchen Zucker nehmen. So geriet ich auch noch in den unvermeidlichen Zirkel von Unter- und Überzuckerung.
Das erste, was mir dieser Arzt geraten hat, war, keinen Zucker mehr zu essen. Drei Tage später fühlte ich mich schon besser. Er hat erkannt, daß ich grundsätzlich gesund war, daß sich aber meine psychischen Probleme negativ auf meine physische Gesundheit ausgewirkt haben. Wenn er auch an den psyischen Ursprung meiner Anfälle glaubte, so hielt er dennoch nichts von der Psychoanalyse. Er erarbeitete ein Programm mit mir, um die Beruhigungsmittel nach und nach durch Pflanzenpräparate zu ersetzen. Ich hatte Vertrauen zu ihm und bekam allmählich wieder Hoffnung, gesund zu werden. Er ist ein außergewöhnlicher Diagnostiker. Ich glaube, daß er eine Krankheit auf den ersten Blick erkennt. Er spürt sie, riecht sie und bekämpft sie gelassen, ohne sie zu dramatisieren, mit fast fröhlicher Zuversicht. Er

braucht keine hypermodernen Instrumente und komplizierten Gerätschaften. Ein Stethoskop, einen Reflexhammer und einen Spachtel. Und seine Hände, vor allen Dingen seine Hände, sanft und feinfühlig. Sie tasten den Körper des Kranken ab, als hätten sie Augen und Ohren; sie blicken in seinen Körper, hören, was in ihm vorgeht und erfassen, um welche Krankheit es sich handelt.

Ich ging zu den ersten Untersuchungen fast frohgemut in seine helle Praxis. Ein großes Appartement voller Blumen- und Landschaftsgemälde – sein Bruder ist Maler. Ich saß gern im Wartezimmer. Ich habe meine Angst vor ihm schnell verloren. Diese unerträgliche Anspannung in Gegenwart anderer – ich hatte immer nur den einen Wunsch, so schnell wie möglich wieder allein zu sein – verschwand in seinem Beisein. Er war ruhig und hatte es nie eilig. Er war wie eine gute Mutter, und ich fühlte mich, wie wenn er mich warm und fest in seine Arme schlösse und ich mich mit meinem ganzen Elend an ihn kuscheln könnte, damit er mir neues Leben einflößte. Gleichzeitig war er aber auch Vater, ein starker und wachsamer Vater, der es wagte, sich mit der Krankheit zu messen und sie zum Duell herauszufordern. Sobald es mir besser ging, löste sich die imaginäre Umarmung, die heilende Verschmelzung, und die alte Distanz stellte sich wieder her.

Ich erinnere mich noch an das erste Mal, als ich völlig entmutigt und erschöpft zu ihm ging. Das war einige Zeit nach meinem Krankenhausaufenthalt. Die Erinnerung an drei furchtbare Wochen in einem Zimmer im siebten Stock. Ich hatte die Krankenschwestern gebeten, mich am Bett festzuschnallen, weil ich Angst hatte, ich könne nachts im Schlaf aufstehen und mich aus dem Fenster stürzen. *«Wenn ich wie bisher weiterleben muß, dann will ich nicht mehr leben»*,

habe ich zu ihm gesagt. *«Ein wenig Geduld, in ein paar Wochen wird es Ihnen schon viel besser gehen.»*
Er hat nicht nicht von Wundern, Zauberei oder Magnetfeldern gesprochen. Er hat von mir Mut und Geduld verlangt, und ich konnte ihm vertrauen. Der Bau des Staudamms gegen die innere Überflutung hatte begonnen.

XXII

Über die Osterferien bin ich in ein kleines Dorf in die Schweiz gefahren, nach Sils-Maria, wo ich früher oft gewesen war.
Es ist ein kleines Dorf mit 400 Einwohnern. Es gibt dort keine modernen Bauten, alle Häuser müssen im alten Engadiner Stil wieder aufgebaut werden. Sie sind sehr schön. Mit ihren dicken Mauern gleichen sie Festungen, blumenverziert auf gelbem, ockerfarbenen oder rosa Untergrund. Die Fenster liegen in dicken Mauern und werden nach innen enger, sie ähneln den Schießscharten einer Burg. In diesen Häusern ist man gut geschützt gegen den kalten Nordwind, der in dieser baumlosen Ebene zwischen den Berghängen oft bläst, und gegen die Schneestürme, die alles in einen Wirbel zerbrechlicher aber stechender Eiskristalle und -sternchen hüllen. Ich bin früher oft in diesem Dorf am See mit den feuerroten Wolken gewesen. Es ist schon die Sonne Italiens, die sie abends, bevor die Nacht hereinbricht, so färbt.
Ich bin früher eine gute Skifahrerin gewesen, habe sogar Rennen gewonnen. Einmal bin ich in eine Lawine hineingeraten.
Ich wollte mit ein paar Freunden und einem Skilehrer einige schwierige Abfahrten im Gebiet des Matterhorn machen. Als ich durch eine enge und steile Gasse abfahren will, entdecke ich, daß ich mich auf den Quadraten eines riesigen Schachbretts befinde. Und die Quadrate bewegen sich unter meinen Skiern, verändern und verformen sich, werden länger, zerbrechen, stürzen übereinander und rutschen schließlich mit unaufhaltsamer Wucht mit mir in die Tiefe. Eingeschlossen in einem Schneeblock, Schnee, hart wie Zement,

Schnee, Schneetod. Ich wurde gerettet. Einige Monate später fuhr ich schon wieder Ski auf den Hängen des Matterhorns. Aber ich konnte nie wieder den Hang fahren, auf dem ich in die Lawine geraten war.

Seit den ersten Krisen bin ich nicht mehr Ski gelaufen und auch nie mehr in eine Berggondel gestiegen.
Es ist Ostersonntag. Schon seit ein paar Wochen übe ich, die Gitter meiner Sicherheitszone, meines Gefängnisses, in das ich mich mit Medikamenten und Riten eingeschlossen habe, wegzuschieben, und taste mich an alles, was ungefährlich scheint, heran. Hatte ich aber die Ungefährlichkeit und Notwendigkeit der Dinge erprobt, so stellte sich schnell ein Abhängigkeitsverhältnis her, das mich belastete. So spielte sich mein Kampf ab zwischen der Notwendigkeit, mir bestimmte Gewohnheiten zu schaffen, und dem Risiko, daß die Gewohnheiten sich in Zwänge verwandeln könnten, denen ich mich nicht mehr entziehen konnte. Es war ein Balanceakt. Ich mußte mich an etwas Neues gewöhnen, es einige Zeit auf mich wirken lassen, bis ich mich damit sicher fühlen konnte. War eine Schlacht gewonnen, mußte ich mich der nächsten stellen.
Auf diese Weise gelang es mir langsam und mit großer Vorsicht, mein Handlungsfeld zu erweitern, den Aktionsradius um mein Territorium, den Raum unter meiner Glasglocke, zu vergrößern. Ich war zum Beispiel wieder in der Lage, mit meinem Hund im Wald spazierenzugehen, aber ich mußte immer denselben Weg benutzen. Wenn ich die Wegstrecke ändern oder verlängern wollte, mußte ich langsam und behutsam vorgehen, ansonsten lief ich Gefahr, daß Panik mich packte und ich zurückgeworfen wurde, statt vorwärtszukommen.

Ein mühevolles, qualvolles Leben, ohne Lust, ohne Genuß.

Vier Jahre Psychotherapie – vier Jahre, in denen die unheilvollen Auswirkungen meiner Analyse, meiner gefährlichen analytischen Leidenschaft neutralisiert wurden.
Mein zweiter Analytiker sagte mir, daß meine Krisen zwar weiterhin auftreten könnten, daß sie aber nicht mehr der Ausdruck des Konflikts wären, sondern eine Gewohnheit, gewissermaßen ein Reflex. Ich bin also eine Pawlowsche «Hündin» geworden. Klingelt die berühmte Glocke, so mobilisiere ich mein ganzes Abwehrsystem, um mich wie vor einer tödlichen Gefahr zu schützen. Die tödliche Gefahr – es gab sie nie. Die Gefahr war stets imaginär und unwirklich. Die unbewußte Angst vor der Bestrafung, da ich ein Tabu der Menschheit gebrochen hatte, das Inzesttabu.
Imaginärer Inzest, denn mein Analytiker-Geliebter war ja nicht mein realer Vater, geschweige denn meine Mutter. Mein Abenteuer wäre außerhalb der analytischen Situation nichts als eine banale love-story gewesen, die magische Couch ein bequemer Diwan.

Ich bin die Pilotin in einem großen Flugzeug. Ich sitze im Cockpit. Auf meinem Armaturenbrett leuchten der Reihe nach rote Lämpchen auf, die verschiedene Gefahren anzeigen: Der rechte Flügel brennt, die Turbine Nr. 4 funktioniert nicht mehr, das Fahrgestell ist verklemmt; der Notausgang hat sich während des Flugs geöffnet. Ich schaue aus dem Fenster, überprüfe alles und sehe, daß alles funktioniert. Die Angaben sind also falsch. Das Armaturenbrett zeigt nicht richtig an. Im Traum ist alles leicht. Die Pilotin hat die Situation unter Kontrolle und kann nach Sicht fliegen.

In der Wirklichkeit fliege ich blind. Ich kann bei mir nichts selbst überprüfen. Ich muß die Alarmsignale übersehen, darf ihnen keinerlei Beachtung schenken. Ich muß verhindern, daß mein eigenes Rettungssystem mein Verhalten verändert, angeblich um mich zu «retten», in Wirklichkeit aber, um mich ins Unglück zu stürzen. Das ist schwer, denn ich verfüge über eine Unzahl kleiner Antennen, die unaufhörlich das Terrain abtasten. Sobald sie die kleinste Unregelmäßigkeit bei mir feststellen, eine leichte Müdigkeit aufgrund ungenügenden Schlafs, ein plötzliches Hungergefühl, verwandeln sie sich in unzählige kleine Fangarme oder winzige Nabelschnüre, die versuchen, mich so schnell wie möglich in Sicherheit zu bringen, indem sie mich an die großen Brüste der Mutter-Nährerin binden.
Gefesselt und bewegungsunfähig, aller Freiheit und Flexibilität beraubt, werde ich zu einer leichten Beute meiner Krisen. Wie an jenem heißen sonnigen Septembertag. Ich gehe über das Champ de Mars. Es ist ein Uhr nachmittags. Als ich aus dem Schatten der Bäume trete, überfallen mich die Sonne und eine außergewöhnliche Hitze. Ich habe das Gefühl, daß ich um mein Leben rennen muß. Dabei bin ich keineswegs in Lebensgefahr, wenn ich bei 40 Grad Hitze langsam und ruhig das Champ de Mars überquerte.

An jenem Ostersonntag hatte ich mir in Sils-Maria zum Ziel gesetzt, allein mit der Zahnradbahn bis zur Endstation zu fahren. Vorsichtshalber nehme ich meinen SOS-Beutel mit, verstecke ihn aber vor den anderen und mir selbst gut in meiner Tasche. Ich fahre zur Talstation. Mit meinem Taxi, es ist grün und hat einen italienischen Fahrer, St. Christophorus, mit schwarzen Locken. Zum Glück hat er ein Telefon in seinem Auto. Bevor ich aussteige, lerne ich seine Nummer auswendig, falls ich ihn rufen und er mich auf seinen Armen durchs Schneetreiben tragen muß. Wie schön es ist, wie alle anderen auch eine Karte kaufen zu können. Ich freue mich darüber, bin fast gerührt. Die Bahn kommt, und ich steige ein. Es bereitet mir großes Vergnügen, diese vertraute Landschaft nach langen Jahren wiederzusehen. Auf der Bergstation gehe ich spazieren. Das Tal liegt in strahlendem Sonnenschein. Vor mir, um mich herum, überall Skiläufer. Ich mache eine Entdeckung und bin betroffen. Ich sehe auf einmal die räumliche, in Kilometern meßbare Ausdehnung meiner inneren Unruhe.

Wie oft bin ich nach einem ganzen Tag auf der Piste die sechs bis sieben Kilometer bis hinunter zum Dorf gefahren, weil mir das lieber war, als anzustehen und auf die Bahn zu warten.

Ich fahre in der Phantasie die Piste ab, die ich so gut kenne. Zuerst die weiten Kurven des Olympia-Riesenslaloms, dann die leicht gewellte Diagonale, wo ich die Skier laufen lasse und mich an der Geschwindigkeit berausche. Dann der Wedelhang, die große Kurve am unteren Ende, die oft vereist ist. Ich merke, wie meine Skier zu flattern anfangen, aber ich denke gar nicht daran, die Kanten einzusetzen. Dann geht es auf einem ziemlich engen, vereisten Weg, den ich nicht besonders mag, durch den Wald.

Die Energie, die ich sonst während dieser Abfahrt entfalte, verwende ich dafür, mir selbst Leid zuzufügen. Mein Motor läuft mit angezogenen Bremsen auf Hochtouren. Ich beschließe, wieder mit dem Skifahren anzufangen. Weihnachten. Wie eine Anfängerin auf dem Idiotenhang, und vielleicht später wieder auf den herrlichen Pisten von einst.

Vorläufig aber gehe ich ins Restaurant. Ich leiste mir ein großes Stück Schokoladenkuchen, eine Ortsspezialität, mit Schlagsahne. Ich esse diesen Kuchen gern und habe ihn mir wohl verdient.

Ein Gefühl der Zufriedenheit breitet sich in mir aus. Ich bin stolz wie ein kleines Mädchen, das zum ersten Mal ohne die schützende Hand des Vaters einen Ausflug macht, sich alles genau merkt, um dem Vater sein gefährliches Abenteuer gleich nach der Rückkehr in allen Einzelheiten zu schildern.

XXIII

Ich habe von Bertrand geträumt. Er ist der Alleinherrscher über ein wundervolles Schloß, wie das im Märchen von Dornröschen. Ich bin in den Schloßpark eingedrungen, traue mich aber vor allem aus Angst vor seiner Frau nicht, das Haus zu betreten und bleibe im Park. Ich sitze an einem kleinen Tisch auf dem Rasen. Der Koch hat eine Kochmütze auf dem Kopf und serviert mir eine recht kärgliche Mahlzeit: Spiegeleier und Obst. Ich wäre froh, wenn Bertrand aus seinem Schloß zu mir käme. Aber er ist mit seiner Frau verreist. Ich gerate in Panik bei dem Gedanken, seine Frau könnte mich hier überraschen, wenn sie unvorhergesehen zurückkämen. Sie könnte mich hier finden, mich, einen Eindringling in einem fremden Garten.
Nicht einmal im Traum traue ich mich, meiner Rivalin gegenüberzutreten.

Als mein Analytiker schon mein Geliebter war, sagte er zu mir, daß ich ihn an die kleine Nymphe im Hafen von Kopenhagen erinnerte. Auf ihm sitzend, wie auf einem Felsen, während wir uns liebten.

XXIV

Ein außergewöhnlich heller, sonniger Novembertag. Um elf Uhr vormittags klingelt das Telefon. *«Willst Du, daß ich heute Abend zum Essen komme?» «Ich will!» «Bis heute Abend!»* Er wird kommen, und alles wird gut. Er brauchte einige Monate Abstand nach dem Ende der Analyse. Er hat sicherlich gedacht, daß es auch für mich besser sei, wenn erst ein bißchen Zeit verginge, damit ich Abstand gewänne und sich die Übertragung durch sein Schweigen von selbst auflöste. Er hat sicherlich gefühlt, wie hungrig ich nach Liebe war, und das war ihm unangenehm – wie mir übrigens auch. Nie habe ich mich so an einen Mann geklammert wie an ihn. Wie eine Klette. Dieses Übermaß an Liebe begrenzen zu können und auch das Leiden – das wünschte ich mir und war doch dazu nicht fähig.

Wenn ich es versuchte, wirkte es gekünstelt und falsch, man merkte mir die Anstrengung und die Verstellung an. Und das macht alles nur schlimmer. Mir wurde klar, daß das, was ich tat, um von ihm geliebt zu werden, den Anschein hatte, als wollte ich ihm einen Köder legen oder eine Falle stellen. Ich habe selbst darunter gelitten – also doppelt, dreifach, unendlich. Ich litt und litt, durch und durch und überall.

Wie gewohnt bereite ich das Abendessen für ihn mit Liebe und Hingabe zu. Liebe, Hoffnung, Zweifel und meine Krisen; eine Schaukel, auf der ich sitze, gefesselt mit einer schweren Kette.

Er kommt sehr spät. *«Du siehst schlecht aus.»*

Beim Essen erzähle ich flüchtig von meiner Viruserkrankung. Es interessiert ihn nicht sehr, er setzt eine spöttische Mine auf; vielleicht will er seine Sorge dahinter verstecken.

Unser körperliches Glück läßt uns wie immer unsere Probleme vergessen. Rausch oder Glück – ich weiß es nicht. Die Leidenschaft ist wie eine Droge, eine herrliche, die zumindest eine Weile lang alles schön und ewig erscheinen läßt. Unser körperliches Einverständnis ist so vollkommen, daß es Liebe sein muß.
Über das, was mit uns geschieht, sprechen wir nie. Vielleicht denken wir dasselbe, aber da wir nie darüber sprechen, gibt es keinen Austausch. Nichts teilen wir, außer Lust und Leidenschaft. Er ist hier bei mir. Er sagt nicht, wie lange er bleibt, und ich frage ihn nicht. Er geht hoch in mein Schlafzimmer. Er legt sich in mein Bett, eine Stunde, zwei Stunden, bis morgen, für immer – ich weiß es nicht.
Er ist da. Manchmal macht er eine witzige Bermerkung oder spricht mit einem Lächeln. Der Briefträger kommt – oder er kommt nicht. Er aber ist da, er ist schön, er ist zärtlich.

Es ist Mitternacht, und er ist immer noch da. Ich weiß nicht, ob er bleibt oder geht. Aber ich kann nicht mit ihm im gleichen Bett einschlafen. Ich fühle mich nicht wohl neben ihm. Ich gehe in ein anderes Zimmer, lege mich auf ein Sofa und schlafe mit einem Schlafmittel ein. Früh am Morgen wache ich auf. Ob er noch da ist? Ob er schon weg ist? Ich gehe zurück. Er schläft. Ich lege mich neben ihn. Er ist warm vom Schlaf. Beglückt berühre ich seinen Körper. Sein Körper, so nah, so fern. Ich berühre ihn mit meinen Händen und finde ihn nicht. Ich finde nur einen Körper, ich berühre seinen Körper. Wir schlafen zusammen. Unsere Körper verschmelzen. Er sagt: *«Ich gratuliere, daß Du heute Nacht gegangen bist!» «Wieso? Ich konnte nicht mit Dir einschlafen.»*
Ich richte das Frühstück auf einem Tablett. Es gibt Honig, Toast, Eier, Pampelmusen, Tee, Kaffee und Croissants. *«Ich*

habe noch nie so gut im Bett gefrühstückt, weißt Du?» Wenigstens das. Wenigstens habe ich das Prädikat des besten Zimmerservice. Er zieht sich an. *«Bleib!» «Ich kann nicht.» «Bitte bleib!» «Ich kann nicht.»*
Ich ziehe meinen Morgenrock an und begleite ihn zu seinem Auto, das in meinem Garten geschlafen hat. Es ist mit Rauhreif bedeckt. Ich öffne die Autotür und lege mich auf die beiden Vordersitze. Ich möchte meinen Körperabdruck auf dem Schafsfell hinterlassen, dort liegenbleiben, noch eine Weile, möchte in seinem Leben ein bißchen Gewicht haben, Gewicht im Leben überhaupt. Ich wiege nicht mehr als eine Feder, ein Blütenblatt, ein rasch vom Wind verwehter Dufthauch.
Ich bin zu einem Schatten geworden, dem Schatten einer Frau, zu einem Schatten ohne Frau.

Auf einmal spüre ich, wie sich alles in mir aufbäumt. Ich kann diese Situation nicht länger ertragen. Diese Demütigungen, immer grausam im Stich gelassen zu werden. Ich halte diese Liebe nicht mehr aus. *«Ruf mich bitte nicht mehr an. Wir werden uns die nächsten sechs Monate, sagen wir, bis zum vierten Mai nächsten Jahres, nicht mehr sehen und nicht mehr telefonieren.»* Er lächelt, er ist mit meinem Vorschlag einverstanden, er umarmt mich und geht. Ich sehe seinem Auto nach, wie es sich langsam entfernt. Ich fühle einen unerträglichen Schmerz. Sein Auto ist mit ihm weggefahren, aber in meinem Bett hängt noch sein Duft. Zwischen meinen Schenkeln, trockene Spuren seines getrockneten Spermas, einzigartige köstliche Narde, eine entfernte Ähnlichkeit mit dem Duft von Pilzen, dem Geschmack von Krebsen, von Algen.
Der Gedanke, ihn sechs Monate nicht zu sehen, macht mich krank.

Gleichzeitig bin ich erleichtert, daß ich wieder allein bin, daß ich nicht mehr neben dem Telefon warten muß, daß ich sicher weiß, daß er mich nicht mehr anrufen wird und auch nicht mehr kommt.
Ich bin froh, sechs lange Monate Zeit zu haben, um mich wiederzufinden, zu genesen, mich wieder an die Hand zu nehmen, von dieser übersteigerten Leidenschaft loszukommen. Ich bin überzeugt, daß sich in sechs Monaten alles normalisiert haben wird. Daß ich sechs Monate Zeit habe, die Frau zu werden, die ich vor der «Analyse» war. Ich bildete mir ein, daß alles nur eine Frage der Zeit und der Geduld sei.

Die Wochen vergehen, die Krisen bleiben. Ich kann den Entschluß, den ich gefaßt habe, zwar durch Willenskraft aufrechterhalten, aber mein Körper sträubt sich einfach dagegen. Ich gerate ins Schwanken, lasse mich treiben. Bis ich eines Tages begreife, was ich die vielen Monate zuvor nicht wahrhaben wollte. Wenn ich gesund werden will, muß ich zu einem anderen Psychoanalytiker gehen. Zu einem richtigen! Nur ein erfahrener, gewissenhafter Psychoanalytiker wird mir helfen können, daß ich diesen Taumel aus Wollust, Leidenschaft und Leiden aufgebe und wieder zur Ruhe komme.
Wenn ich mich einem anderen Psychoanalytiker anvertraue, bedeutet das auch, so fürchte ich zumindest, daß ich den Mann verrate, den ich liebe, meinen Analytiker-Geliebten. Wenn ich unsere geheime Liebe aufdecke und unsere schuldbeladene Leidenschaft ans Tageslicht bringe. Und ich fühle mich schuldig. Schuldig wegen unseres Abenteuers. Schuldig, daß ich unser Geheimnis verrate. Schuldig, daß ich mit jemandem, der ihn möglicherweise kennt, sprechen werde.

Tags darauf rufe ich einen Psychoanalytiker an. Noch in derselben Woche habe ich einen Termin bei ihm. Endlich bin ich nicht mehr allein mit meinem bedrückenden Geheimnis, mit meinem Leiden, meinen Skrupeln.
Ich spreche, endlich spreche ich. Und mir gegenüber sitzt jemand, der mir teilnehmend zuhört, ich spüre tiefe menschliche Wärme. Nach den Sitzungen bin ich zu Tode erschöpft. Aber ich merke, wie sehr mich diese Gespräche erleichtern. Dank der Hilfe meines zweiten Psychoanalytikers habe ich verstanden, daß meine Krisen reine Angstanfälle sind. Daß nicht die Krisen Angst auslösen, sondern die Angst die Krisen, diese entsetzlichen Schwächeanfälle, die mich nahezu umbringen.

Endlich bin ich in dieser Eiswüste, dem Reich der Schneekönigin, nicht mehr allein. Endlich weiß ich, daß meine Isolation nicht endgültig ist. Undeutlich zeichnet sich das Leben wieder als reale Möglichkeit ab, das warme, pulsierende Leben. Und die anderen.
Eines Tages werde ich frei sein. Ich bin nicht mehr allein. Mein zweiter Psychoanalytiker ist da, er sitzt mir gegenüber und hört mir zu. Mein Vertrauter. Mein Verbündeter. Ich habe in meiner Nacht einen Leuchtturm gefunden. Einen Leuchtturm, fest steht er im Sturm, nahe am Hafen. Ich sehe seine Lichter von fern. Ich sehe ihn, wie er Paris überragt, groß und fest, der Turm, sein grünes Auge blinkt Sicherheit, Vertrauen.

Es ist nicht leicht, von meinem Abenteuer zu sprechen.
Es gab Momente, da hätte ich es am liebsten in eine Schublade gesteckt, abgeschlossen und den Schlüssel in die Seine geworfen.

Leider ist das nicht möglich. An allen Seiten quillt sie über. Ich muß zuerst Ordnung schaffen und jedes Ding sorgfältig zusammenfalten; erst dann kann ich es ablegen, einschließen und vergessen. Vergessen – oder nicht mehr daran denken. Vergessen – vergessen werde ich nie.
Sprechen heißt, neu zu durchleben. Wenn ich davon spreche, wie ich gelitten habe, wie ich leide, krampft sich vor Schmerz der Hals zu; Tränen bringen keine Erleichterung.
Worte, nur Worte; Worte, die mein zweiter Analytiker verwahrt, Worte, die ich bei ihm lasse. Zwischen den Masken und Statuen primitiver Kunst, bei den Worten seiner anderen Patienten, gut aufgehoben. In Sicherheit. Sehr langsam, fast unmerklich nimmt der Druck der inneren Dinge ab. *«Mein Gefühl sagt mir, daß Sie heute weniger verkrampft sind.» «Ja, das stimmt.»*

Ich bekomme wieder festen Boden unter den Füßen. Ich kann wieder gehen, ohne von jedem Windstoß, von jeder Welle umgeworfen, weggetragen zu werden.
Wenn ich nicht einen großen Umweg machen will, muß ich an der Praxis meines Analytiker-Geliebten vorbeigehen, um zur Therapie zu kommen. Ich vermeide diesen Ort. Ich habe immer noch Angst, ihn zu sehen, ihm zu begegnen, seinem Charme nicht widerstehen zu können, seinem Zauber erneut zu erliegen und wieder ins Räderwerk der Leidenschaft zu geraten. Ich habe Angst, daß ich nicht genug aufpasse, daß der Kreis, den ich zu meinem Schutz um mich herum gezogen habe, geschlossen bleibt. Beim kleinsten Anlaß könnte sich eine Lücke auftun. Ein Rattenzahn.

XXV

Drei Monate nach unserer Trennung begegne ich meinem Analytiker-Geliebten in einer Buchhandlung nicht weit von mir.
Vor allen Leuten nimmt er mich in die Arme und küßt mich zärtlich.
Zufall – Schicksal – Trugbild – Wunder – Traumgestalt. Er wohnt ziemlich weit weg von dieser Buchhandlung. Und wieder ergreift dieses köstliche Glücksgefühl von mir Besitz. *«Du siehst gut aus. Du bist schön. Willst Du wirklich, daß wir uns bis zum vierten Mai nicht sehen?» «Ich weiß nicht. Nein, vielleicht doch nicht, aber ich will, daß wir uns in einem Restaurant treffen, nicht bei mir. Ich muß mit Dir reden.» «So behandelst Du mich also? Ich habe Lust auf Dich, ich rufe Dich an, und dann sehen wir uns bei Dir!»* Und wieder mache ich mir Hoffnungen, Hoffnung auf Liebe und Glück. Vielleicht hat er sich doch noch entschlossen, vielleicht hat er endlich begriffen.
Schon sitze ich wieder wie gebannt vor dem Telefon und warte, aber es klingelt nicht. Es klingelt zwar, aber nie ist er es. Ich bin wieder wie besessen, getrieben. Nach einigen Wochen Schweigen taucht er wieder auf. Seine sanfte, zärtlich-verführerische Stimme am Telefon. Und wieder gebe ich nach. Natürlich ist es gut, ihn wiederzufinden, seinen Körper, der sich so gut mit meinem versteht.
Als er sich anzieht, spricht er von Elvira, seiner Frau. *«Elvira kenne ich seit zwanzig Jahren. Sie ist eine großartige Frau.»* Und ich fühle mich häßlich, ohnmächtig, minderwertig. Warum muß er gerade jetzt von seiner Frau sprechen? Als er weg ist, weine ich lange und verzweifelt. Und wieder Schweigen, wieder diese lange, unendliche, unerträgliche Stille.

XXVI

Ein milder friedlicher Sommertag in Basel. Zu unseren Füßen fließt der Rhein. Ein paar Unerschrockene springen von der Brücke. Sie werden sofort von der Strömung mitgerissen. Das Wasser ist schmutzig und schäumt. Die Schiffe, die flußaufwärts fahren, lassen ihre Motoren auf Hochtouren laufen, kommen nur sehr langsam gegen den Strom voran. Die kleine grüne Fähre, die liebevoll mit Geranientöpfen geschmückt ist, ist mit einem Seil an einer Schiene befestigt, die über den Fluß gespannt ist. Wie ein Wachhund liegt sie an der Leine und kann so von einer Seite auf die andere gezogen werden, ohne abzutreiben. Heil und sicher bringt sie die Fahrgäste ans andere Ufer. Ich schaue mit meinem zweiten Psychoanalytiker aus dem Fenster unseres Zimmers im Hotel «Drei Könige» auf diese friedliche Szenerie. Ein riesiger, ebenfalls grün angestrichener Kran liegt auf dem anderen Ufer. Sein Arm reicht wie eine Brücke, wie ein halb fertiggestelltes Viadukt, fast bis zu unserem Fenster. Er bewegt sich über dem Wasser. Ich möchte da nicht stehen, trotz der Blumen und Pflanzen, die zwischen den Stahlstreben wachsen.

«*Woran müssen Sie dabei denken?*» «*Ich weiß nicht.*» Ich überlege einen Moment. Vielleicht an den Eiffelturm. Ich lasse meinen Assoziationen freien Lauf, verstehe den Traum aber immer noch nicht. «*Neben meinem Haus steht ein Kran auf einer Baustelle. Sie haben ihn sicherlich schon bemerkt. Sie sehen ihn, wenn Sie nachher aus dem Hause gehen.*» Tatsächlich, da ist eine Baustelle, die mit einem Absperrzaun aus Holzlatten umgeben ist. Dort steht der riesige Kran.

Jedes Mal, wenn ich, von meinen Hirngespinsten geplagt, zur Therapie ging, kam ich an dieser Baustelle vorbei, habe aber den Kran nie bewußt wahrgenommen. Aber unbewußt habe ich sein Bild registriert und neben den anderen Bildern meines Unbewußten aufbewahrt.

Eines Tages passierte es während der Therapie, daß ich «*Tennis*» statt «*Penis*» sagte. Mein zweiter Analytiker griff diesen Versprecher gleich auf und warf ihn mir zurück: *«Er scheint nicht sehr fest zu sitzen, dieser Penis!»* Ja, ich glaube, daß der Penis, das Glied, das Geschlecht eines Mannes, egal welcher es auch sei, zu dem meines Analytiker-Geliebten geworden ist, zu dem meines Vaters. Gefährlich. Verboten. Tabu.
Das Geschlecht existiert nicht mehr, das Geschlecht, die Sinnlichkeit, gemeinsame sexuelle Lust. Es gibt nur den Penis von großer symbolischer Bedeutung.

XXVII

Gestern abend, es war schon dunkel, hatte ich eine rosa Rose auf das Autos meines Analytiker-Geliebten gelegt. Ich brauche einen Vorwand, damit er mich anruft. In der Nacht zähle ich die Stunden, ich lasse die phosphoreszierenden Zahlen auf dem Ziffernblatt meines Weckers nicht aus den Augen. Fiebriges Warten bis zum Morgen; langsam rückt die unvermeidliche Stunde näher.
Früh am Morgen setze ich mich neben das Telefon. Um elf Uhr ruft er an. *«Es war schön, heute morgen Deine Rose zu finden; sie war frisch und mit Rauhreif überzogen.»* Wir sehen uns noch am selben Abend. Ein paar heimlich gestohlene Stunden voller Lust und Sinnlichkeit.
Nachdem er gegangen ist, finde ich ein paar gelockte schwarze Haare auf dem Bettuch. Ich hebe sie in einer kleinen Lackdose auf meinem Nachttisch auf. Wieder Stillschweigen. Der Briefträger kommt oder er kommt nicht.
Drei Wochen später gehe ich wieder spät abends aus dem Haus zu seinem Auto. Ich stecke einen kleinen Strauß winziger Rosen aus meinem Garten an den Außenspiegel seines Autos.
Und wieder mache ich mich auf, und wieder habe ich einen kleinen Strauß meiner winzigen Rosen dabei, wieder lege ich sie auf sein Auto. Meine Nachricht, inständige Bitte, Flehen.
Und irgendwann gebe ich meinen Platz neben dem Telefon auf.

XXVIII

Meine Mutter besitzt ein sehr schönes Haus im Schwarzwald. Es ist im Stil der Gegend gebaut. Alle vier Wände sind mit Holzschindeln gedeckt. Erstaunt sehe ich, daß das Haus umgebaut worden ist. Es ist nicht mehr die alte Villa, wie ich sie gekannt habe, sondern ein Gebäude im Gebäude. Ich frage mich, ob die Schindeln des ehemaligen Hauses meiner Mutter für das neue Haus verwendet worden sind. Es ist viel größer und hat mehrere Stockwerke. Jetzt gibt es dort Apartments, die vermietet sind. Ich frage den Architekten. Er erklärt mir, daß die alten Schindeln ausgereicht hätten, weil zwei der vier Wände Zwischenwände geworden sind, die nicht abgedeckt werden mußten. Ich schaue mir die Schindeln an den Außenwänden an und finde, daß sie ausgefasert und abgenutzt sind, gebleicht vom Schnee, der Sonne und dem Regen. Mir scheint, daß sie irgendwann doch durch neue ersetzt werden müssen. In Begleitung des Architekten schaue ich mir das Gebäude an. Ich entdecke viel, was es im alten Haus meiner Mutter nicht gab. Im Untergeschoß ist sogar ein Schwimmbecken. Ich freue mich, denn ich schwimme gern. Ebenfalls ein Gymnastikraum. Auch wenn ich all diesen Veränderung irgendwie noch mißtrauisch gegenüberstehe und bedauere, daß das schöne alte Haus verschwunden ist, bin ich alles im allem doch mit dem neuen Bau zufrieden.

EPILOG

Als ich das Buch von Patricia Hearst gelesen und sie in einer Fernsehsendung gesehen habe, mußte ich mit Erstaunen und Erschrecken feststellen, wie sehr ihre persönlichen Erfahrungen meinen eigenen ähnelten. Nicht in den Einzelheiten des realen Abenteuers, aber in den tiefgreifenden Auswirkungen auf die Persönlichkeit und den psychologischen Veränderungen, die es in uns beiden hervorgerufen hat.
Sie hat eine «Reise in die Hölle» gemacht, und ich – zumindest schien es am Anfang so – eine Reise in den «siebten Himmel».
Sie wurde geknebelt und gefesselt in einen dunklen Schrank gesperrt. Ich wurde weder gefesselt noch geknebelt, war zumindest scheinbar frei. Mein Gefängnis war ein durchsichtiger Käfig mit Gitterstäben aus Träumen und Phantasien, der irgendwo in den Wolken hing.
Ich wurde nicht wie sie sexuell mißhandelt. Ich habe mich scheinbar freiwillig auf eine sexuelle Beziehung eingelassen und sie genossen.
Aber beide waren wir von jemand anderem abhängig, vollkommen abhängig, in einer Situation absoluter Ungleichheit.
Diese Abhängigkeit und Ungleichheit haben zu einer schweren Regression geführt. In ihrem Fall haben die Entführer die Regression benutzt, um sie gefügig und zugänglich für ihre Ideen zu machen. In meinem Fall hatte der Verführer von der psychoanalytischen Technik profitiert, die im Interesse der Patienten nicht auf die Regression verzichten kann, denn «nur so kann sich das Wunder, aber das voll-

kommen wissenschaftliche, vollziehen, das in der Beeinflussung des Unbewußten durch das Bewußte besteht», damit der Reifungs-, der Erneuerungsprozess «aus eigener Kraft wirksam werden kann, sobald die pathogenen Elemente ihre Macht verlieren.»
Am Endpunkt der Regression steht in beiden Fällen das verlorene Paradies und die altmodische Hölle, Ort aller Gelüste, Ursprung allen totalitären Ehrgeizes, aller Grausamkeit und Intoleranz. Alles oder nichts, Gnade oder Bestrafung, die absolute Macht in der Hand eines einzigen Wesens, in der Hand dessen oder derer, die in unserem Unbewußten die archaische Mutter, die Mutter unserer allerersten Lebensjahre ersetzt hat.

Patricia Hearst als Opfer von Terroristen in einem Schrank, ich als «Opfer» eines Analytikers auf der Couch – zwei Wege mit demselben Ziel.
In dieser Situation vollkommener Machtlosigkeit, in der wir jeder persönlichen Initiative beraubt waren, jeder Möglichkeit, auf die eigene Realität Einfluß zu nehmen und sie zu verändern, keimte in uns die Lust, allmächtig zu sein wie Unkraut. Patricia Hearst hat den Schritt zum terroristischen Akt getan. Und nur ein glücklicher Zufall hat ein Blutbad verhindert.
Ich habe nicht zur Waffe gegriffen – es sei denn zur Feder...
Ich errichtete um mich herum einen unsichtbaren Stacheldrahtverhau – und darin war ich allerdings bis an die Zähne bewaffnet. Waffen, die ich gegen die anderen gerichtet habe, mit denen ich sie zum Rückzug zwang und sie mir vom Leibe hielt. Waffen, mit denen ich vor allem auf mich selbst zielte. Die Krisen, die mich attackierten, die Zusammenbrüche, die mich niederwarfen, haben mich gezwungen, auf ein

normales Leben zu verzichten. Ich hatte aufgehört, eine erwachsene Frau zu sein, ich war wieder ein Säugling, allein und verlassen in seiner Wiege, ausgeliefert der schrecklichen Gesellschaft meiner Phantasien.

Dank der Arbeit mit meinem zweiten Psychoanalytiker konnte ich meine Waffen eine nach der anderen niederlegen, verlorenes Terrain wiedergewinnen und auf den Stacheldraht verzichten. Langsam verwandelt er sich in eine Dornenhecke, an der von neuem Rosen blühen.

Aus gegebenem Anlaß

JOHANNES CREMERIUS

ABSTINENZ – MAXIME UND REALITÄT

> Hanns Sachs erwog, daß *»ein Punkt erreicht war, wo die wissenschaftliche Bewegung und die Organisation auseinanderfallen mußten... die wissenschaftlichen Strömungen in der Psychoanalyse haben sich abgelöst und müssen sich von der Organisation zwangsläufig noch weiter entfernen, die aufgrund innerer Gesetzmäßigkeit zunehmend konservativer wird und sich auf praktische Ziele und Selbsterhaltungszwecke einstellt«*
> .(1939)

Ich gebe zunächst eine kurze Definition der Abstinenztheorie: Der Abstinenzbegriff ist ein immanenter Begriff der psychoanalytischen Theorie sowie der psychoanalytischen Praxis, insofern beide in der Deutung das kategoriale Prinzip der Psychoanalyse erkennen, nicht in der Befriedigung der libidinösen Bedürfnisse des Patienten. In dem Sinne formuliert Freud 1915: *»...Ich will den Grundsatz aufstellen, daß man Bedürfnis und Sehnsucht als zur Arbeit und Veränderung treibende Kräfte bei den Kranken bestehen lassen und sich hüten muß, dieselben durch Surrogate zu beschwichtigen.«* (1915a, S. 313)

Es war Ferenczi, der darauf hinwies, wie gefährlich es für den analytischen Prozeß sei, wenn der Patient in oder außerhalb der Behandlung Befriedigungen seiner libidinösen

Bedürfnisse finden würde und empfahl daher, derartige Ersatzbefriedigungen durch Deutungen, durch Befehle oder formelles Verbot zu unterbinden. Sie erinnern sich, daß die Analytiker, die dieses Konzept teilten, ihren Patienten vorschlugen, für eine gewisse Zeit auf den ehelichen Verkehr sowie auf die Onanie zu verzichten. Freud greift Ferenczis Anregung auf und formuliert 1918: *«Wir müssen, so grausam es klingt, dafür sorgen, daß das Leiden des Kranken in irgendeinem wirksamen Maße kein vorzeitiges Ende findet. Wenn es durch die Zersetzung und Entwertung der Symptome ermäßigt worden ist, müssen wir es irgendwo anders als eine empfindliche Entbehrung wieder aufrichten.»* (1919a, S. 188)

Im triebpsychologischen Modell der psychoanalytischen Theorienbildung hat also die Abstinenzregel zwei Aufgaben, eine ökonomische und eine dynamische. Ökonomisch gesehen, soll sie vermeiden, daß die durch die Behandlung freiwerdenden Libidomengen sofort wieder neue Objekte besetzen. Sie sollen voll und ganz in der analytischen Situation verbleiben. Dynamisch gesehen liegt der Antrieb für die Behandlung in der Existenz eines durch Versagung hervorgerufenen Leidens. Freud stellt also hier im Prinzip jene Situation der Versagung künstlich her, von der er glaubt, daß sie eine der wesentlichen Erkrankungsursachen darstellt (1912c, S. 323). Die Technik, die infantile Neurose in eine Übertragungsneurose zu verwandeln, dient u. a. auch dazu, dieses Leiden, das Leiden an der Versagung, aufrechtzuerhalten (vgl. Cremerius 1984).

Behandlungstechnisch ist die Abstinenzregel mit der Neutralitäts-Anonymitäts-Chirurgen-Spiegel-Forderung Freuds verbunden: Je freier der Analytiker von jedem Begehren, je distanzierter, desto reiner kann er die Rolle des Beobachters, des objektiven-objektivierenden Forschers aufrechterhalten.

Genug der Begriffsbestimmung. Ich möchte jetzt auf die Gründe zu sprechen kommen, warum wir uns mit dieser Maxime der Abstinenz so schwer tun. Seit Breuers dramatischer Verliebtheit in Anna O. kommt es immer wieder vor, daß Analytiker die Abstinenzregel verletzen. Hier ist etwas bemerkenswert: Obgleich in den psychotherapeutisch-psychoanalytischen Fachgesellschaften annähernd gleich viele Männer wie Frauen sind, sind es immer männliche Analytiker, von deren Grenzüberschreitung wir erfahren. Ich habe in den 40 Jahren meiner Tätigkeit nur einen einzigen analogen Fall von einer weiblichen Analytikerin kennengelernt.

Auf Breuer folgte der skandalumwitterte Fall Jungs mit Sabina Spielrein. Rührend wie Freud in der Antwort auf Jungs Bekenntnisse schreibt: *«Ich selber bin zwar nicht ganz so hereingefallen, aber ich war einige Male sehr nahe daran, und hatte a narrow escape.»* (Jung/Freud 1974, S. 255) In der Literatur werden seitdem nur wenige weitere Fälle namentlich genannt. Mir sind mit Namen – und dies nicht aus der psychoanalytischen Literatur – nur die Fälle von Allendy und Rank bekannt, die beide mit ihrer Patientin, Anäis Nin, intime Beziehungen unterhielten. Im Prinzip darf hier aber auch die intime Beziehung Heinz Hartmanns mit Marie Bonaparte genannt werden, deren Sohn (auf Wunsch der Mutter) gleichzeitig bei ihm in Analyse war (Bertin 1988). In der Regel versucht die Institution, heute wie früher, solche Fälle intern und unter Ausschluß der Öffentlichkeit zu behandeln. Es ist bezeichnend, daß in Frankreich, wo sich die Psychoanalyse am stärksten aus der institutionalisierten Psychoanalyse befreit hat, erstmalig von dieser Regel abgewichen wurde. 1977 veröffentlichte Frischer die Ergebnisse einer Umfrage bei 30 ehemaligen Analysanden und Analysandinnen. Von 15 Analysandinnen gaben 4 an, mit ihrem Analytiker sexuelle Beziehungen gehabt zu haben. Frischer betont ausdrücklich, daß es sich um bekannte und erfahrene Analytiker gehandelt habe (Frischer 1977). Da es in der Regel der Institution gelingt, die Sache geheimzuhalten, schwelen in den Instituten Gerüchte über solche Fälle, die dann, wenn es sich um einen Lehranalytiker handelt, das Klima vergiften und die Ausbildungskandidaten enorm beunruhigen. Es spricht für den antianalytischen Geist in unseren Organisationen, daß in letzterem Falle die Sache zugedeckt wird, während wir das Verhalten unserer Kollegen in Ausbildung genau observieren und sittliche Verfehlungen mit dem Abbruch der Ausbildung bedrohen.

Bei der Erforschung der Gründe für die Schwierigkeiten, die Abstinenz einzuhalten, möchte ich die Frage nach den persönlichen Motiven, die im Einzelfall eine Rolle spielen, auslassen. Auch dem alten Lamento über die Psychoanalyse als einem unmöglichen Beruf will ich mich nicht anschließen. Ohne Zweifel liegt in der Arbeit mit dem Unbewußten ein Gefährdungsmoment, welches die Aufrechterhaltung der Abstinenz weit mehr erschwert, als dies etwa in den Beziehungen zwischen einem Patienten und einem praktischen Arzt der Fall ist. Man hat unsere Arbeit, was die Gefährlichkeit betrifft, mit der des Radiologen verglichen. Das ist zutreffend. Der Vergleich ist auch in einer anderen Hinsicht zutreffend: Die im Feld liegende Bedrohung ist nicht aufhebbar. Wir können also, wie diese, nur darüber nachdenken, welche Mittel es gibt, die beiden Beteiligten zu schützen. Der Ton von Entschuldigung und Selbstmitleid, der hier oft zu hören ist, ändert an dieser Situation gar nichts. Besonders ärgerlich finde ich, wenn Fälle von Abstinenzverletzung vorschnell mit dem Begriff der Gegenübertragung erklärt werden. Das läuft sehr leicht auf eine Exkulpierung hinaus. Der Täter wird zum Opfer, wie ich dies am Falle C. G. Jungs zeigen konnte: Freud und Jung wurden sich schnell darüber einig, daß Jungs intime Beziehung zu Sabina Spielrein die Folge unbewußter Gegenübertragungsmomente war. Da Gegenübertragung ein technischer Begriff jenseits moralischer Werturteile ist, kann Freud den «*lieben Sohn*» demzufolge auch nicht verurteilen. Stattdessen tröstet er ihn: «*Sie aber bitte ich,*» schreibt er ihm am 18. Juni 1909 «*jetzt nicht zu stark in die Zerknirschung und Reaktion zu gehen. Denken Sie an das schöne Gleichnis von Lasalle von der zersprungenen Eprouvette in der Hand des Chemikers: ‹Mit leisem Stirnrunzeln über den Widerstand der Materie setzt der Forscher seine Arbeit fort›. Kleine Laboratoriumsexplosionen werden bei der Natur des Stoffes, mit dem wir arbeiten, nie zu vermeiden sein. Vielleicht hat man die Eprouvette wirklich nicht schräg genug gehalten, oder zu rasch erwärmt. Man lernt so, was von der Gefahr am Stoff, und was an der Handlung liegt.*» (Freud/Jung 1974, S. 258/59) Dies ist zum einen ein Beispiel für die Komplizenschaft von Männern gegen eine Frau, die ihren Gefühlen gefolgt ist, zum anderen eines für die Nähe von Wissenschaft und Zynismus (vgl. Cremerius 1987a). Freud glaubte, daß die beiden Beteiligten im analytischen Feld hinreichend geschützt seien: Der Analytiker durch die persönliche Analyse und durch das Wissen um die Übertragungsdynamik, der Analysand durch das Abstinenzgebot.

Wenn diese Mittel nicht ausreichen, und dies ist offensichtlich der Fall, muß man nach dem Warum fragen. Vielleicht sind z. B. die Hilfen, die die Institution gibt, mangelhaft; vielleicht liegen im System selbst Mängel, deren sich der Analytiker nicht hinreichend bewußt ist, Mängel, die das Scheitern der Abstinenzmaxime fördern. Wenn dem so ist, und ich glaube, daß es so ist, so würde uns das in den Stand setzen, an die Stelle des Lamentos über den *«unmöglichen Beruf»* aktiv zu werden und nach Veränderung zu suchen.

Es ist bemerkenswert, daß die psychoanalytische Institution diesen selbstkritischen Weg bis heute kaum beschritten hat. Sie kümmert sich seit Jahrzehnten darum, die Analyse mit bürokratischen Mitteln zu verbessern, diskutiert auf endlosen Tagungen über die Lehranalyse mit der Vorstellung, ihre Mangelhaftigkeit sei aller Übel Kern. Eines aber tut sie nicht, obgleich Anna Freud es bereits 1938 entschieden gefordert hatte, nämlich sich zu fragen, ob nicht das System selber, in dem die Lehranalyse stattfindet, ursächlich an dem beklagten Zustand beteiligt ist. Die institutionalisierte Psychoanalyse versäumt es, die aufklärerische Kraft ihrer Theorie auf sich selber anzuwenden (vgl. Cremerius 1986, 1987b, 1989c). Meine Annahme wird durch eine Tatsache, auf die ich hinweisen möchte, bestätigt: Das Thema der Abstinenz wird in der offiziellen psychoanalytischen Literatur kaum behandelt. Weder Brenner (1955) noch Sandler, Dare und Holder (1973) führen die Abstinenzregel unter den psychoanalytischen Grundbegriffen auf und Greenson handelt in dem offiziellen *Lehrbuch der psychoanalytischen Technik* (1967) das Thema mit wenigen Sätzen ab, die die Studierenden nicht auf die Wichtigkeit des Problems aufmerksam machen. Dem Begriff Abstinenz hängen also die Bedingungen seiner Entstehung weiterhin an. Sie erinnern sich, daß Freud, nachdem er von Jungs intimer Beziehung zu Sabina Spielrein gehört hatte, zwei Dinge tat: Er fand dafür einen Begriff, die Gegenübertragung, und teilte seinen Schülern mit, daß sein Aufsatz über Gegenübertragung nicht publiziert werden dürfe. Er dürfe nur in Abschriften unter ihnen zirkulieren und müsse absolut geheim bleiben. War letzteres Ausdruck des Schocks, den ihm die Verletzung der Abstinenz durch Jung zugefügt hatte, akute Angst vor dem Urteil der Umwelt? War ersteres, die Begriffsbildung, Ausdruck seiner Genialität, technische Schwierigkeiten in Instrumente der Technik umzuwandeln? Aber bald ist Freud, so glaube ich, der ganze Gehalt des Begriffes, seine Komplexität und seine Ungeschütztheit gegen Mißbrauch klar geworden. Das erklärt mir, daß nach dreimaliger Erwähnung des Begriffs der Gegenübertragung (im Brief an Jung vom 7. Juni 1909 und in 1910d, S. 108 und 1915a, S. 308) derselbe nach 1915 nie wieder in Freuds Schriften erscheint.

Ich will nachfolgend nach den Gründen im System suchen, die eine Verbesserung unseres Umgangs mit der Abstinenz erschweren, und beginne mit einer Reflexion über Lehranalyse und Abstinenz.

Die Lehranalyse erreicht im geschlossenen System ganz offensichtlich ihr Ziel, den Analysanden *«zur Befreiung und*

Vollendung seines Wesens» zu erziehen, so Freud 1919 (1919a, S. 190) in der Regel nicht. Sie macht den Analysanden zu dem Zerrbild des *«Leibgutes»*, vor dem Freud gewarnt hatte (ebenda). Wie die Schulbildungen zeigen, wirkt sie eher im Sinne der Indoktrination als im Sinne der Ausbildung eines offenen, liberalen Geistes. So treten z. B. die Ausbildungskandidaten des Londoner Institutes nach Beendigung ihrer Analyse der Gruppe bei, der ihr Lehranalytiker angehört. In der Bundesrepublik Deutschland haben wir keine Kleinianer, weil es keine Lehranalytiker dieser Schule gab. Ihre zentrale Aufgabe, die Auflösung des Ödipuskomplexes, leistet sie nur selten. In den Instituten mit einem geschlossenen Ausbildungssystem bilden sich *«clanartige Gruppierungen»*, so Balint (1966), von *«inzestuöser Intimität»*, so Richter (1985), um den jeweiligen Lehranalytiker. Die Gruppen zeigen alle Merkmale der familiären Ödipussituation: Analytische Väter und Mütter leben mit ehemaligen Analysesöhnen und Analysetöchtern in engster Verflochtenheit miteinander. Unaufgelöste Übertragungs- und Gegenübertragungsgefühle führen entweder zu intimen Liebesbeziehungen oder zu ebenso intimen Feindseligkeiten. Inzestuös vergiftet ist diese Welt auch durch Indiskretion, durch Berichte und Gerüchte, die sich von den Couchen ausbreiten. Allmählich sickern auch Nachrichten über die Vergangenheit der Lehranalytiker durch, machen Informationen über sein Privatleben in diesem intimen Familienkreis die Runde.

Das hier geschilderte Ergebnis der Lehranalyse ist nur möglich, wenn beide, Institution und Lehranalyse, die Auflösung der Ödipussituation nicht entschieden genug anstreben, wenn in den Analysen ödipale Problematik agiert, anstatt bearbeitet wird. Wo Vater-Tochter-Phantasien, Mutter-Sohn-Phantasien nicht aufgelöst werden, entsteht ein Klima, in dem ein Gleiten in den realen Inzest leicht geschehen kann. Wir erinnern uns hier, daß der Freud der Psychoanalytischen Bewegung, der die Psychoanalyse machtpolitisch organisieren wollte, die Voraussetzungen für diese Entwicklung geschaffen hat. 1912 schreibt er: *«Endlich ist auch der Gewinn aus der dauernden seelischen Beziehung nicht gering anzuschlagen, die sich zwischen dem Analysanden und seinem Einführenden herzustellen pflegt.»* (1912e, S. 383)1 Dieser Gedanke findet sich im Umgang Freuds mit dem Ödipusmythos wieder: Er bekommt für Freud und seine Schüler eine mythische Funktion. Freud versteht sich als der Urvater und seine Schüler als Söhne.

Die Lehranalyse erreicht nicht nur das Ziel der Auflösung der ödipalen Situation nicht, sie ist oft generell unzureichend. Dies hängt damit zusammen, daß sie im geschlossenen Ausbildungssystem Teil der kontrollierten Ausbildung, nämlich Berufseignungsprüfung2 ist. Anna Freud stellt fest, daß der Lehranalyse alle Merkmale einer echten Analyse fehlen würden. Der Lehranalytiker tue tatsächlich alles, was in einer therapeutischen Analyse als Kunstfehler gälte (1938). Für unser Thema bedeutet dies, daß der Analytiker schlecht vorbereitet in das bedrohliche analytische Feld eintritt. Wenn in der Analyse die geheimen infantilen Triebwünsche nicht offenbart werden können, ist die Gefahr groß, daß die Patienten sie im Analytiker mobilisieren.

Der kritische Wissenschaftler Freud hat die Mangelhaftigkeit der institutionalisierten psychoanalytischen Ausbildung erkannt: «*...leider [sind] viele [der Analytiker] von der Analyse wenig veränderter Menschenstoff*», schreibt er am 6. Januar 1935 an Lou Andreas-Salomé (Freud, Lou Andreas-Salomé 1966, S. 222). Die oben zitierte Kritik an der institutionalisierten Lehranalyse von Anna Freud ist, so dürfen wir annehmen, im Einvernehmen mit dem Vater formuliert worden, der damit, kurz vor seinem Lebensende, sein Vertrauen in diese Art der persönlichen Analyse zurückgenommen hat.

Es gibt gewisse psychische Strukturen, bei denen die Abstinenz des Analytikers mehr gefährdet ist als bei anderen. Dies gilt z. B. für den Umgang des männlichen Analytikers mit weiblichen Hysterien im Gegensatz zum Umgang mit weiblichen Zwangsneurosen. Wir erinnern uns, daß Freud den Begriff der Abstinenz zum Schutze des männlichen Analytikers formulierte.

Er sah ihn von dem «*verliebten Weibe*» bedrängt, das seine «*zärtlichen und sinnlichen Bedürfnisse*», seine «*Animalität*» am armen Analytiker befriedigen wolle (1915a, S. 311, 313, 315; 1926e, S. 259). So steht denn auch der berühmte Satz von 1915: «*Die Kur muß in der Abstinenz durchgeführt werden*», (1915a, S. 313) da, wo es darum geht, dem Analytiker zu helfen, mit der Übertragungsliebe der hysterischen Patientin fertigzuwerden. Wenn Abstinenzverletzungen vorkommen, dann besonders häufig in diesem Interaktionsfeld. Die Intensität, mit der diese Frauen ihre Übertragungsliebe vortragen, und die Tatsache, daß sie oft nicht von Äußerungen realer Liebe unterschieden werden kann, kann leicht Gefühlsverwirrungen im männlichen Analytiker erzeugen. Dies umso leichter, je schlechter die Lebenssituation des Analytikers ist. Analytiker, die keinen Liebespartner oder unerfüllte Beziehungen haben, werden anfälliger sein als andere. Umso leichter aber werden Gefühlsverwirrungen entstehen, wenn der Analytiker mit Abwehrformen reagiert, wie Freud sie Jung empfahl: Er solle seine Liebessehnsüchte mit «*Indifferenz*» niederhalten und sich eine «*harte Haut*» zulegen. Solche vom Überich geforderten Panzerungen erleiden leicht das Schicksal, das die Überich-Haltungen im allgemeinen bedroht: Das schwache Ich zwischen Es und Überich ist nicht in der Lage, plötzliche Triebausbrüche zu verhindern. Analytiker, die die Abstinenzhaltung mit der Chirurgen-Spiegelhaltung zu einer Trias vereinen, geraten bei entsprechender psychischer Struktur leicht in eine Situation, in der sie ihre Lebendigkeit unterdrücken müssen. Da man das nicht acht Stunden am Tag über Jahre hin tun kann, ist hier die Gefahr der plötzlichen Entladung des beschädigten Lebens besonders groß.

Eine besondere Gefährdung der Abstinenzhaltung des Analytikers entsteht bei der Arbeit mit Patienten, bei denen eine strukturelle Ich-Störung, eine prägenitale Störung, vorliegt, eine Struktur, die Variationen der Technik erforderlich macht. Anfang der 50er Jahre entdeckten einige Analytiker – ich sage präziser, entdecken wieder –, daß diese Patienten mit der sogenannten «*klassischen Technik*» nicht behandelbar seien. Sie verstünden die neutrale anonyme Haltung des Analytikers als Ablehnung oder Feindseligkeit und seien mit Deutungen nicht zu erreichen. Als dann Analytiker wie René

Spitz und Sascha Nacht die seit Ferenczis technischen Experimenten vergessene Haltung der «liebevollen Präsenz» wieder einnahmen, konnten sie auch mit diesen Patienten erfolgreich arbeiten. Die Techniken, die hier empfohlen werden, verlangen eine kategorial andere Haltung auf seiten des Analytikers als die für die Hysterie entwickelte Haltung: Es gehe, stellt Winnicott 1954 fest, jetzt nicht mehr um Deutung des Verdrängten im Feld von Widerstand und Übertragung, sondern um die Entwicklung und Pflege von noch nie psychisch Repräsentiertem im Patienten an einem guten, mütterlichen Objekt (1954, 1956, 1974). Um dieses Ziel erreichen zu können, müsse der Analytiker wie die Mutter Funktionen des *«holding»*, *«handling»* und *«object-presenting»* ausführen. In letzter Konsequenz solle er die Mutter sein, nicht ein Symbol derselben. Er solle neue emotionale Erfahrungen ermöglichen. Dazu tauge die klassische Als-ob-Haltung nicht mehr. Kohut meint im Rahmen seines zwar theoretisch anders begründeten Konzeptes dasselbe, wenn er die kognitive ichpsychologische Haltung des Analytikers der Freudschen Schule verwirft und an ihre Stelle Intuition und Empathie setzt. Hier wird eine Nähe zum Patienten hergestellt, die auf eine Reihe von schützenden Mitteln verzichtet, so auf die beobachtende objektivierende Position des klassischen Zweierschrittes von Identifizieren und Distanzieren. Wer sich so tief einläßt, riskiert die Mobilisierung des eigenen Unbewußten, gleitet leicht in eine Situation, in der er nicht mehr unterscheiden kann, ob seine therapeutischen Intentionen der Befriedigung eigener Bedürfnisse oder der des Patienten dienen. Aus verständlichen Gründen kommt es in dieser Technik auch leicht zu einer lockeren Handhabung des settings. Damit begibt sich der Analytiker der Hilfe des Dritten, des väterlichen Prinzips, welches das setting repräsentiert, er begibt sich der haltenden Funktion des settings. Im Felde liebevoller, empathischer Präsenz zwischen Mutter und Kind symbolisiert es Gesetz und Ordnung. Dem Analytiker kann es jetzt leicht passieren, daß er aus prägenitalen Phantasien, die sich hier einstellen, ja aus methodischen Gründen einstellen müssen, hinübergleitet in ödipal-genitale Phantasien, daß ihm also das passiert, was Ferenczi *«die Sprachverwirrung zwischen dem Erwachsenen und dem Kind»* genannt hat (1933), bei der der Erwachsene auf die Sprache der Zärtlichkeit mit der der Leidenschaft antwortet.

Aufgrund seiner tiefen Identifizierung, seiner exklusiv empathischen Haltung, ungeschützt durch kognitiv-distanzierende Möglichkeiten, gleitet er aus dem Phantasiebereich in den der sexuellen Aktion. In anderer Weise ist in diesen Fällen die Abstinenzhaltung von Analytikerinnen bedroht. Leicht gleiten sie, vor allem wenn sie alleine leben und kinderlos sind, aus der analytischen Position in die einer wunschbefriedigenden, verwöhnenden Mutter.

Wenn wir von Abstinenz sprechen, denken wir vorrangig an die sexuelle Abstinenz beider Akteure. Das ist eine Einengung, die aus Freuds frühen Ängsten um das soziale Ansehen der Psychoanalyse entstanden ist. Wir erinnern uns an dieser Stelle, mit welcher unschuldigen Naivität der Entdecker der Übertragungs-Gegenübertragungsdynamik dem Rattenmann ein Frühstück servieren ließ. Ich weiß keine Stelle bei Freud, wo er die Abstinenzregel auch bei oralen und anaklitischen Bedürfnissen der beiden Akteure herangezogen hätte. Immer bleibt die zärtlich-sinnliche Beziehung zwischen Analysandin und Analytiker im Zentrum seiner Sorge. Vielleicht hat uns das fehlende Paradigma des Gründer-Vaters jenes Tummelfeld ermöglicht, das jetzt vielerorts zu beobachten ist.

Da werden die Hände des Patienten gehalten und gestreichelt, da wird ihm ein Glas Milch serviert, da wird ihm eingeräumt, er könne nachts und sonntags anrufen etc. Die Frage, wessen Bedürfnisse befriedigt werden sollen, wer die Abstinenz nicht aushält, wird oft nicht ausreichend ventiliert. Der 24. Internationale Psychoanalytische Kongreß in Amsterdam 1965 behandelte unter anderem das Thema der Zwangsneurose und Freuds Technik in der Analyse des Rattenmannes. Einige der Redner hielten Freuds Handlungsweise durchaus nicht für einen Tummelplatz, sondern glaubten, die Befriedigung des Essenswunsches des Rattenmannes theoretisch rechtfertigen zu können (s. die Referate in *Int. J. Psychoanal.* No. 47, 1966 von Anna Freud und Fritz Morgenthaler und den Aufsatz von Lipton über Freuds Technik beim Rattenmann in *Int. J. Psychoanal.* von 1977).

Diese unschuldige Naivität Freuds äußert sich an vielen Stellen: Er schenkte Medard Boss Geld, anderen Analysanden seine Schriften, schrieb an Hilde Doolittle verführerische Briefe und überreichte ihr während der Stunde einen Blütenzweig, erzählte aus seinem Privatleben, sprach über andere Patienten, lud seine Analysandin Marie Bonaparte ein, mit seiner Familie zusammen Mahlzeiten einzunehmen etc. So frei und unbekümmert Freud selbst mit der Abstinenzregel umgeht, so rigide fordert er ihre Einhaltung vom Analysanden. *«Man hat die Aufgabe, alle Abwege aufzu-*

spüren und jedesmal von ihm, dem Patienten, den Verzicht zu verlangen, so harmlos die zur Befriedigung führende Tätigkeit auch an sich erscheinen mag», (1919a, S. 188) und: Der Arzt *«richtet sich auf einen beständigen Kampf mit dem Patienten ein, um alle Impulse auf psychischem Gebiet zurückzuhalten, welche dieser aufs Motorische lenken möchte»* (1914g, S. 133). Die strenge Verfolgung von Triebbefriedigungen in der Stunde setzt sich in der Suche nach deren *«Schlupfwinkeln»* außerhalb der Therapie fort.

Hier verfährt der Verfasser der Abstinenz-Maxime nach dem Motto: quod licet jovi, non licet bovi. So wird Wien nach dem Ersten Weltkrieg zum Modell des Ein-Meister-Institutes, in dem der Meister den Widerspruch zwischen dem, was er sagt und dem, was er tut, nicht reflektiert. Der Willkürcharakter legt die autoritär-hierarchische Struktur der Institution frei, die seitdem die *Internationale Psychoanalytische Vereinigung* kennzeichnet.

Ich glaube, daß der Widerspruch in Freud, diese doublebind-Information, viel zu den Verwirrungen in der Handhabung von Abstinenz und Gegenübertragung beigetragen hat. Folgt der Analytiker Freuds Rat, eine *«harte Haut»* auszubilden, verliert er jedwede Empathie und schließt sein Unbewußtes von der Mitarbeit aus; folgt er seinem Rat, *«dem gebenden Unbewußten des Kranken sein eigenes Unbewußtes als empfangendes Organ zuzuwenden»*, so Freud im Kontext mit der Receiver-Analogie (1912e, S. 381), droht die Gefahr, über der Empathie die notwendigen kognitiven, regulierenden Ichfunktionen zu vernachlässigen. Von der *«harten Haut»*, von einer rigiden Abstinenzhaltung, zum gefühllosen inhumanen Analytiker ist nur ein Schritt, wie uns Stone gezeigt hat (1961). Und «*vom neutralen Analytiker zum Neutrum*» ist, wie Paula Heimann feststellt, «*nur eine sehr kurze Distanz*» (1978, S. 217).

Aber auch von der mitfühlenden Nähe zur zärtlichen Fusion ist der Weg nicht weit. Freud hat angesichts der die Psychoanalyse bedrohenden Verstrickungen seiner Schüler eine Art Faustregel für die Lösung des Abstinenzproblems gegeben: «*Das Problem der Gegenübertragung... gehört zu den technisch schwierigsten der Psychoanalyse. Theoretisch halte ich es für leichter lösbar. Was man dem Patienten gibt, soll eben niemals unmittelbarer Affekt, sondern stets bewußt zugeteilter sein, und dann je nach Notwendigkeit mehr oder weniger. Unter Umständen sehr viel, aber niemals aus dem eigenen Unbewußten. Dies hielte ich für die Formel. Man muß also seine Gegenübertragung jedesmal erkennen und überwinden, dann erst ist man selbst frei. Jemandem zu wenig zu geben, weil man ihn zu sehr liebt, ist ein Unrecht an dem Kranken und ein technischer Fehler. Leicht ist das alles nicht und vielleicht muß man dazu auch älter sein.*» (Binswanger 1956, S. 65)

Man mag Regeln und Verhaltensmaßregeln aufstellen soviele man will; die Tatsache, daß wir sowohl von den Triebwünschen des Patienten wie von eigenen Bedürfnissen bedrängt werden, gehört zur unabweisbaren Realität unserer Arbeit: «*...von der Liebe, mit der wir operieren, versengt zu werden*» schreibt Freud 1909 an Jung – und Faust zitierend fragt er: «*Bist Du mit dem Teufel Du und Du / und willst Dich vor der Flamme scheuen?*» (Freud/Jung 1974, S. 233)

Freud wollte natürlich nicht, daß seine Schüler in den Flammen umkämen, und empfahl deshalb die persönliche Analyse und die Reanalyse nach jeweils fünf Jahren. Es ist erstaunlich, wie selten davon Gebrauch gemacht wird, wie selten jene, die in Gefahr sind, noch schnell die Notbremse der Reanalyse ziehen. Darin sehe ich das Problem, nicht in der Tatsache der Verführbarkeit an sich. Sie ist unser Schicksal, verbunden mit der Aufgabe der permanenten Dekonfliktualisierung. Daß von der Hilfe der Reanalyse so selten Gebrauch gemacht wird, will ich nachfolgend untersuchen und auch hier wieder den in der Institution liegenden Gründen nachgehen, nicht denen, die in persönlichen Motiven des einzelnen liegen.

Zwei Charakterzüge unserer Institution helfen mir, das Phänomen zu verstehen. Einmal eine infantile Angst vor Offenheit, zum anderen eine rigide Überich-Haltung. Ich beginne mit der Angst vor Offenheit. Sie zeigt sich an dem Schisma zwischen dem, was Analytiker in der Technik wirklich tun, und dem, was sie sagen, daß sie tun. Warum dieses Schisma, warum darf nicht öffentlich werden, was der Analytiker im stillen Kämmerlein behandlungstechnisch tut? Er muß doch keine Angst haben, denn er kann sich auf Freuds Diktum berufen, daß psychoanalytische Therapie immer zugleich Heilen und Forschen ist. Berufen kann er sich auch auf die Theorie-Diskussion in den Fachzeitschriften, in der seit Jahren die Krise der Theorie behandelt wird und von den Schwierigkeiten, psychoanalytische Theorie mit psychoanalytischer Praxis in Beziehung zu bringen, gesprochen wird. Daß er trotz dieser Bestätigungen seines Tuns seine Experimente nicht öffentlich macht, hat damit zu tun, daß die institutionalisierte Psychoanalyse die Illusion aufrechterhalten will, als gäbe es noch einen Konsensus über so etwas wie richtige und falsche Technik, als könne sie noch definieren, was Psychoanalyse sei und demzufolge jene als Dissidenten denunzieren, die von der reinen Lehre abweichen.

Hatte nicht Anna Freud im Kampf um die Bewahrung der väterlichen Paradigmata jene der Anarchie beschuldigt, die sie nicht mehr anerkennen wollten? Wie kann sich in einem solchen Klima, in dem nicht einmal das öffentlich gesagt werden kann, was in den offiziellen Fachzeitschriften seit langem publiziert wird, jemand zur Reanalyse entschließen, weil er Schwierigkeiten mit der Abstinenzregel hat? Dazu bedürfte es in unserer Gemeinschaft jener Haltung, von der wir sagen, daß wir sie dem Patienten gegenüber einnehmen, eine Haltung vorurteilsfreier Toleranz. Wie wenig davon in der Institution vorhanden ist, demonstriert die Geschichte des Gegenübertragungs-Begriffes. Freud verfügte 1909, daß darüber nicht öffentlich gesprochen werden dürfe. Diese Mahnung hat bewirkt, daß das Thema für 40 Jahre, d. h. bis zum Erscheinen der ersten Gegenübertragungsarbeit von Paula Heimann 1950 total skotomisiert blieb. Und noch heute verstehen viele Analytiker Gegenübertragung nur als reaktive Bewegung im Analytiker, als ob es nicht auch fehlerhafte und/oder pathologische Fehlhaltungen des Analytikers zu seinem Patienten gäbe. Er ist nicht immer das arme Opfer des triebhaften Weibes, womit Freud seinen Kronprinzen Jung exkulpieren wollte.

Ich komme jetzt zum Thema des rigiden Überichs in unserer Gemeinschaft, das aufs engste mit dem vorigen Thema der

Unoffenheit und der falschen Verschämtheit verknüpft ist. Auch das rigide Überich löst Angst aus und fördert infantile Unfreiheit. Wir erkennen dieses Überich z. B. in den perfektionistischen Forderungen an die Analytiker in Ausbildung, in der Reinheitsideologie und in den Berührungstabus gegenüber anderen Wissenschaften. Wir erkennen es ferner in der hohen Aggressivität in unserer Gesellschaft. Durch die Abfuhr von Aggressivität rettet sich das Überich vor Selbstzerstörung – jedoch um den Preis nun einsetzender Verfolgungstendenzen. Ihrer erwehrt sich die psychoanalytische Gemeinschaft durch Spaltungsprozesse und Abstoßungen. Je rigider das Überich, je eher treten Zeichen der Korruption auf – das Ich kapituliert sozusagen vor seiner Unerbittlichkeit. Zeichen von Korruption in unserer psychoanalytischen Gesellschaft sind die hohen Anforderungen an die Analytiker in Ausbildung, die kontrolliert, supervisioniert und observiert werden, während es z. B. keine Einrichtungen gibt, die die Lehranalytiker observieren. Korruptionsfälle werden endlos ertragen. Mit diesem Überich identifiziert ist der Analytiker, der die Abstinenzregel fundamental verletzt, zu einer kritischen Selbstannahme, zur ichgerechten Handhabung des Problems nicht in der Lage. Anstatt sein Problem als Problem zu verstehen, d. h. sich in seiner menschlichen Fehlbarkeit zu erkennen und sich in Analyse zu begeben, verleugnet und verneint er. Sein Überich, in der Ausbildung durch die Überich-Gesellschaft nicht gemäßigt, kann diesen Schritt nicht tun. Es belastet sich eher mit dauernden Schuldgefühlen. Diese wiederum werden projektiv verarbeitet: Aus dem sich schuldig Fühlenden wird der Verfolger, der Verurteiler.

Unter den Regeln der Analyse gibt es mehrere Versagungen für den Analytiker. Aus Gründen, die mehr mit der öffentlichen Moral als mit methodenimmanenten Gründen zu tun haben, stehen die Abstinenzverletzungen im zärtlich-erotischen und aggressiven Bereich ganz im Vordergrund. Unter methodenimmanenten Gesichtspunkten stehen andere Abstinenzverletzungen gleichwertig neben ihnen, so etwa die Verführung des Patienten zu glauben, der Analytiker sei eine gute Mutter.

Analog dazu sprechen wir auch mehr von Versagungen zärtlicher und erotischer Triebregungen auf seiten des Patienten als von Versagungen seiner präödipalen bzw. prägenitalen Bedürfnisse.

Kaum beachtet sind subtile Versagungen, so z. B. die Versagung des Wissens, die beide Akteure betrifft. Sie ist, so glaube ich, die am stärksten methodenimmanent begründete Abstinenzforderung. Der Wunsch nach psychoanalytischem Wissen auf seiten des Patienten und die Versuchung auf seiten des Analytikers, psychoanalytisches Wissen anzubieten – Freud glaubte an die Wirksamkeit solcher belehrenden Aktionen –, muß eine deutliche Versagung erfahren. Diese Versagung soll den Patienten drängen, seine ganze Aufmerksamkeit dem «*Erkenne Dich selbst*» zuzuwenden. Sie wird zum Motor, jenes geheime Rätsel entschlüsseln zu wollen, das sich in unserer Kultur im Ödipusmythos verschleiert. Für den Analytiker wird die Versagung zum Motor, sich voll und ganz auf die Herstellung und Fortführung des analytischen Prozesses, d. h. der Dynamik von Übertragung und Übertragungswiderstand, zu konzentrieren.

Wenn die persönliche Analyse keine ausreichende Hilfe bietet, die Abstinenz-Maxime einzuhalten und von der Reanalyse so wenig Gebrauch gemacht wird, ist zu fragen, was zu tun ist. Zuerst einmal: *«Erkenne die Lage»*, d. h. wie der Röntgenologe sich immer der Gefahren im Aktionsfeld bewußt zu bleiben, d. h. aber auch, psychohygienische Überlegungen anzustellen: Wieviel Analysestunden am Tag kann ich, lebendig und kreativ, durchführen, welchen Ausgleich brauche ich, welches Gegengewicht, und heißt ferner, habe ich eine sachgerechte professionelle Einstellung, d. h. die Gelassenheit des Arztes, der weiß, daß er weder retten noch heilen noch glücklich machen kann, wenn die *«Natur»* nicht mithilft? Und schlußendlich: Habe ich mir in meinem privaten Leben ausreichende Triebbefriedigungen und Glücksmöglichkeiten erschlossen oder brauche ich dazu meine Analysanden?

Das allerbeste Antidot gegen die Versuchung, libidinöse, aggressive, prägenitale Wünsche am Patienten zu befriedigen, ist jedoch, so glaube ich, die Freude an der eigentlichen analytischen Arbeit. Je mehr Lust aus der Sache selbst gewonnen werden kann, desto weniger Lust muß aus Nebensachen gezogen werden. Was heißt Lust aus der Sache selber ziehen? Darunter verstehe ich eine offene, neugierige, zu experimentellem und spielerischem Umgang mit der Technik bereiten Haltung, die ohne Angst vor geheiligten Paradigmata das tun kann, was dem Fortgang des analytischen Prozesses dient.

Zugleich aber stammt diese Lust aus der entgegengesetzten Haltung, nämlich aus dem Vergnügen an Disziplin, Ordnung und wissenschaftlicher Redlichkeit. Ich will sagen, aus dem

Vergnügen daran, sich stets dem Diskurs mit gesicherten Theoriestücken und erprobten Praxiserfahrungen zu stellen, das, was man tut, auch theoretisch begründen zu wollen. Ich meine also jene Lust, die aus der Spannung erwächst, die der psychoanalytischen Technik immanent ist, zu heilen und zu forschen.

Diese Lust an der psychoanalytischen Arbeit selbst hat sich in der Geschichte der psychoanalytischen Technik nicht entfalten können, weil Freuds protektive Abstinenzregel den Analytiker in eine ängstliche Regelwelt einzwängte. Die aus der Angst vor Verführung und Verführtwerden entstandene Abstinenzregel versuchte, den Analytiker durch die Neutralitäts-Anonymitäts-Chirurgen-Spiegel-Forderung zu schützen. Die amerikanische Behandlungstechnik, die wir nach 1950 in Deutschland rezipierten, organisierte sie bis zur Inhumanität. Ich erinnere mich an die Jahre, als wir, Eissler folgend, meinten, reine Spiegel sein zu müssen, nichts anderes tun zu dürfen als zu deuten. Da einem nicht immer etwas einfällt, was Deutung genannt werden darf, waren wir zu langen, qualvollen Schweigephasen gezwungen.

Hier ist die Abstinenzforderung an die falsche Stelle gerückt, hier gehört sie nicht hin. Behandlungstechnik selbst sollte soviel Lust machen, daß sie ein Analytikerleben erfüllen und ausfüllen kann. Und das kann sie, sage ich heute nach 40 Jahren psychoanalytischer Praxis, weil es die richtige Technik nicht gibt, weil wir sie für jeden Patienten jeweils finden, erfinden müssen.

Und wie kontrolliere ich, ob ich in dieser freieren, offeneren Praxis noch die Abstinenzregel beachte? Die Kontrolle darüber gewährleistet die Frage, ob ich das, was ich tue, tue, weil ich es brauche, oder weil der Patient es braucht.

> (Als Vortrag an der Psychoanalytischen Akademie München am 24. Juni 1988 gehalten.)

---

1 Diese Art zu denken muß damals psychoanalytisches Gemeingut gewesen sein. Rank formuliert in diesem Geiste: *«In der sogenannten ›Lehranalyse‹ mag es angehen, den Schüler auf der Identifizierungsstufe mit dem Analytiker zu entlassen, da ja das eingestandene Ziel ist, daß er seinem Analytiker ähnlich werde.»*

2 Dabei können die Interessen des Berufsverbandes Vorrang vor denen des Analysanden bekommen. So Freud an Paul Federn am 11. Oktober 1924: Falls der Lehranalytiker in der Analyse erfährt, daß der Kandidat einen *«unheilbaren Fehler»* hat, *«welcher gerade seine Aufnahme in die Vereinigung unratsam erscheinen läßt, dann hat die Pflicht der Diskretion [dem Kandidaten gegenüber] gegen die Verpflichtung, die Sache [d.h. die Vereinigung] nicht zu schädigen, zurückzutreten.»* (E. Federn 1972, S. 29).

Bibliographie

Balint, M. (1948): «Über das psychoanalytische Ausbildungssystem», in: M. Balint: *Die Urformen der Liebe und die Technik der Psychoanalyse,* Stuttgart 1966, S. 307-333.
Bertin, C. (1988): *Die letzte Bonaparte. Freuds Prinzessin.* Ein Leben, Freiburg i. Br.
Binswanger, L. (1956): Erinnerungen an Sigmund Freud, Bern.
Brenner, C. (1955): *Grundzüge der Psychoanalyse,* Frankfut a. M.
Cremerius, J. (1956): «Die psychoanalytische Abstinenzregel. Vom regelhaften zum operationalen Gebrauch», *Psyche* 38, S. 769-800.
Ders. (1986): «Spurensicherung. Die Psychoanalytische Bewegung und das Elend der psychoanalytischen Institution», *Psyche* 40, S. 1063-1091.
Ders. (1987a): «Sabina Spielrein – ein frühes Opfer der psychoanalytischen Berufspolitik», *Forum* 3, S. 127-142.
Ders. (1987b): «Wenn wir als Psychoanalytiker die psychoanalytische Ausbildung organisieren, müssen wir sie psychoanalytisch organisieren», *Psyche* 41.
Ders. (1987c): «Die Einrichtung des Zulassungsverfahrens 1923 bis 1926 als machtpolitisches Instrument der ›Psychoanalytischen Bewegung‹», in: *Befreiung zum Widerstand. Festschrift für M. Mitscherlich-Nielsen,* (Hg.): K. Brede et al., Frankfurt a.M.
Federn, E. (1972): «A cooperation throug life», in: Ders. (Hg.): *Thirty-Five years with Freud. In honour of the hundreth anniversary of Paul Federn,* M.D.J. Clinical Psychology, Monogr. Supplem., 32, S. 18-34.
Ferenczi, S. (1933): «Sprachverwirrung zwischen den Erwachsenen und dem Kind», in: *Schriften zur Psychoanalyse,* (Hg.): M. Balint, Frankfurt 1970, Conditio Humana, (Hg.): Th. von Uexküll u. J. Grubrich-Simitis Bd. 2, S. 303-313.
Freud, A. (1938): *Probleme der Lehranalyse,* in: Schriften der A. Freud, München Bd. V 1950, S. 1397-1410.
Dies. (1966): «Obsessional Neurosis. A summary of psychoanalytic views as presented at the congress», *Int. J. Psychoanal.,* 47, S. 116-122.
Freud, S. (1910d): *Die zukünftigen Chancen der psychoanalytischen Therapie,* GW VIII, S. 103-127.
Ders. (1912c): *Über neurotische Erkrankungstypen,* GW VIII, S. 321-342.
Ders. (1912e): *Ratschläge für den Arzt bei der psychoanalytischen Behandlung,* GW VIII, S. 375-387.

Ders. (1914g): *Weitere Ratschläge zur Technik der Psychoanalyse: Erinnern, Wiederholen und Durcharbeiten,* GW X, S. 125-137.
Ders. (1915a): *Weitere Ratschläge zur Technik der Psychoanalyse: III. Bemerkungen über die Übertragungsliebe,* GW X, S. 305-321.
Ders. (1919a): *Wege der psychoanalytischen Therapie,* GW XII, S. 181-194.
Ders. (1926e): *Die Frage der Laienanalyse,* GW XIV, S. 207-282.
Freud, S. u. L. Andreas-Salomé (1966): *Briefwechsel* (Hg.): E. Pfeiffer, Frankfurt a.M.
Freud, S. u. C.G. Jung (1974): *Briefwechsel,* Frankfurt a. M.
Frischer, D. (1977): *Les analysés parlent,* Paris.
Greenson, R.R. (1967): *Technik und Praxis der Psychoanalyse,* Bd. I, Stuttgart 1973.
Heimann, P. (1950): «Bemerkungen zur Gegenübertragung», *Psyche* 18, (1960), S. 483-493.
Dies. (1978): «Über die Notwendigkeit für den Analytiker, mit seinen Patienten natürlich zu sein», in: *Alexander Mitscherlich zu Ehren* (Hg.): S. Drews et al., Frankfurt S. 215-230.
Lipton, S.D. (1977): «Freud's technique and the rat Man», *Int. J. Psychoanal.* 58, S. 255-273.
Morgenthaler, F. (1966): «Psychodynamic aspects of defence with comments on technique in the treatment of obsessional neuroses», *Int. J. Psychoanal.* 47, S. 203-209.
Richter, H.E. (1985): *Die Chance des Gewissens,* Hamburg.
Sachs, H. (1939): «The prospects of Psychoanalysis», *Int. J. Psychoanal.* 20, S. 462-487.
Sandler, J., Chr. Dare und A. Holder (1973): *Die Grundbegriffe der psychoanalytischen Therapie,* Suttgart.
Stone, L. (1961): *Die psychoanalytische Situation,* Frankfurt 1973.
Winnicott, D.W. (1954): «Metapsychological and clinical aspects of regression within the psychoanalytic set-up», *Int. J. Psychoanal.* 36, S. 16-26.
Ders. (1965): «Gegenübertragung», in: *Reifungsprozesse und förderne Umwelt,* München S. 207-222.
Ders. (1974): «Fear of breakdown», *Int. Rev. Psychoanal.* 1, S. 103-107.

Sabina Spielrein: Tagebuch einer heimlichen Symmetrie.
Sabina Spielrein: Sämtliche Schriften.
Marie Langer: Von Wien bis Managua.
Marie Langer: Das gebratene Kind und andere Mythen.
Marie Langer: Mutterschaft und Sexus.
Célia Bertin: Die letzte Bonaparte.
Psychoanalyt. Seminar Zürich (Hrsg.): Between the devil and the deep blue sea.
Helmut Dahmer: Psychoanalyse ohne Grenzen.
Luce Irigaray: Genealogie der Geschlechter.
Luisa Muraro: Vilemína und Mayfreda.
Wolfgang Scherer: Hildegard von Bingen.
Sully Roecken, Carolina Brauckmann: Margaretha Jedefrau.
Melitta Walter (Hrsg.): Ach... Frauen und AIDS.

Die kleine Kore:
Cam (Hrsg.): Memoria 2089 (mit BellaMadonna).
Helene von Druskowitz: Der Mann als... Fluch der Welt.

Kore · Holbein 12 · D-7800 Freiburg · 0761/702034